文章は接続詞で決まる

石黒圭

光文社新書

目次

第二章　接続詞の役割 —— 35

第三章　論理の接続詞 —— 55

第四章　整理の接続詞

第七章　文末の接続詞

序章　接続詞がよいと文章が映える

プロでも気遣う接続詞

読者にわかりやすく、印象に残るような文章を書きたい。その気持ちは、プロの作家であろうと、アマチュアの物書きであろうと変わりません。

でも、そのためには、どこから手をつけたらよいのでしょうか。

プロの作家は、接続詞から考えます。接続詞が、読者の理解や印象にとくに強い影響を及ぼすことを経験的に知っているからです。

井伏鱒二の書いた「『が』『そして』『しかし』――文体は人の歩き癖に似ている」(吉行淳之介選・日本ペンクラブ編『文章読本』ランダムハウス講談社文庫。初出は一九五六年『文學界』十巻八号、文藝春秋)というエッセイがあります。そのなかで、こんな話が紹介されています。

二、三年前のこと、私は自分の参考にするために、手づるを求めて尊敬する某作家の組版ずみの原稿を雑誌社から貰って来た。十枚あまりの随筆である。消したり書きなおしてある箇所を見ると、その原稿は一たん清書して三べんか四へんぐらい読みなおしてあると推定できた。その加筆訂正でいじくってある箇所は、「……何々何々であるが」

というようなところの「が」の字と、語尾と、語尾の次に来る「しかし」または「そして」という接続詞とに殆ど限られていた。訂正して再び訂正してある箇所もあった。その作家の得心の行くまで厳しく削ってあるものと思われた。あれほどの作家の作品にして、「が」の字や「そして」「しかし」に対し、実に初々しく気をつかってある点に感無量であった。

太宰治の師でもある文豪・井伏鱒二が尊敬した作家が誰なのか、気になるところですが、一流のプロに尊敬されるような作家でさえ、推敲の過程で修正するのは接続詞なのだということは、注目に値します。

読みやすさの立役者

ところが、文章を書くための本は世の中にあふれているにもかかわらず、接続詞に特化した本はこれまでほとんど出版されてきませんでした。それは、接続詞に本気で取り組んでいる研究者が少ないためだと思われます。

日本語で書かれた、接続詞にかんする著作や論文は、これまで八〇〇以上発表されていますが（北海道教育大学札幌校のウェブサイトにある、馬場俊臣氏作成の接続詞関係研究文献一覧による）、その多くは他に専門を持つ人が試みに書いたと思われるもので、接続詞を継続的に研究にしている研究者はごくわずかです。専門家のあいだでは、あまり人気のあるテーマではないのです。

その理由は、一つには、接続詞が一文の構造とは直接関わらない周辺的な品詞だからでしょう。また、動詞や助詞などにくらべて、論理が見えにくく、わかりにくいという事情もあります。その証拠に、幼児が習得する品詞のなかでもっとも遅いものが接続詞だと言われています（大久保愛『幼児言語の発達』東京堂出版）。

しかし、一般の人、とくに文章を書きたい人にとっては、無視できないテーマです。それは、接続詞が、文章を人に理解してもらおうとするとき、その印象を決定づけるものだからです。

そのことを、料理の作り方について書いた次の文章で確かめてみましょう。

『ルーの要らない簡単クリームシチュー』

寒い冬にぴったりの、体も心も暖まる、おいしいシチューを紹介します。市販のルーを使わないので、ご家庭にある材料で簡単にできます。用意する材料は四人分で、鶏モモ肉一枚、ニンジン一本、ジャガイモ一個、タマネギ一個、牛乳五〇〇cc、バター大さじ二、小麦粉大さじ三、塩・コショウ少々、生クリーム少量、サラダ油少量です。

まず、根菜と鶏肉を切ります。ニンジンとジャガイモは縦半分に切り、それをさらに縦半分（四分の一）にしてから、乱切りにしてください。タマネギも半分に切り、ニンジン・ジャガイモと同じぐらいの大きさに切りわけます。鶏モモ肉は一口大に切り、塩・コショウをし、小麦粉を薄くまぶしておきます。

つぎに、ナベに油をひき、切った根菜を、ニンジン、タマネギ、ジャガイモと、火の通りにくい順に入れて炒めます。このとき、焦がさないことが大切です。ときどき水を大さじ一程度加えながら炒めると焦げつきが防げます。タマネギとジャガイモに透明感が出てきたら、バターと小麦粉を加え、粉が全体にいきわたって、粉っぽさがなくなるまで炒めます。

それから、牛乳を加え、とろみがつくように、ときどきかき混ぜながら煮こみます。

ここで、煮こんでいる時間を利用して、鶏肉を焼いていきます。フライパンに油をひき、鶏肉を中火でキツネ色になるように焼きます。最初は強火で、焼き色がついてきたら中火に落とすのがポイントです。

そして、ナベのなかの野菜が充分柔らかくなったら、そこに、焼いた鶏肉を入れます。

最後に、塩・コショウで味を整えて出来上がりです。仕上げに生クリームを少量入れると、味がまろやかになります。


一読して、読みやすい文章だっただろうと思います。それは、各段落の冒頭にある接続詞が効いているからです。そのことは、接続詞だけ取りだしてみると、よくわかります。


寒い冬にぴったりの、体も心も暖まる、おいしいシチューを紹介します。

まず、……。

つぎに、……。

それから、……。

ここで、……。

そして、……。

最後に、……。

接続詞のおかげで、「……」の部分が書かれていなくても、そこに入る内容が透けて見えるようです。また、今回はクリームシチューの例でしたが、それがスパゲティ・カルボナーラであっても、ベイクド・チーズケーキであっても、似たような接続詞の組み合わせによって手順を示せそうです。

料理のレシピは、見やすいように、①、②、③と、箇条書きにして示すのが一般的です。しかし、箇条書きではなく、文章の形できちんと示そうとすると、接続詞のコントロールが効いていることが必須条件です。作業の手順を手際よく示すには、接続詞による支えが必要です。読みやすい文章の全体構造を支えるのは、接続詞なのです。

本書の構成

本書は三部構成になっています。

初めの第一章、第二章は総論です。接続詞とは何か、接続詞が文章のなかでどんな役割を果たしているのかを検討します。

第三章〜第八章は各論です。接続詞全体を「論理の接続詞」「整理の接続詞」「理解の接続詞」「展開の接続詞」「文末の接続詞」に分け、個々の接続詞を一つひとつ取りあげながら、その用法や、使用のさいに留意すべきポイントについて説明します。また、文章の接続詞だけでなく、会話やスピーチなどの話し言葉の接続詞にも言及するつもりです。

第九章～第十一章は実践編です。どんな文にどんな接続詞をつけたら読みやすいか、読み手の印象に残るかといったことを具体的に検討します。

本書では、総論、各論、実践編の順に接続詞を追うなかで、接続詞の全体像を正しく把握していただくとともに、実際の文章を書くときに役立つ接続詞使用の勘どころについて、身につけていただくことを目指します。

第一章　接続詞とは何か

副詞との境界線

本書で接続詞について議論していくにあたり、接続詞とは何かということをあらかじめ定義しておく必要があります。けれども、接続詞は、専門的にはかなりあいまいな位置にある品詞です。

そもそも接続詞という品詞を認めない立場もあります。品詞というのは、一般に、一文のなかにおける意味的類型や文法的機能の違いによって、動詞・名詞・形容詞・連体詞などといった名称が付されています、接続詞のような、一文の枠をはみだして文と文とを結ぶようなものは、本来想定されていないのです。一文の枠のなかで接続詞を考えると、接続詞は副詞として処理せざるをえません。

また、接続詞という品詞を認める立場であっても、副詞との境界線が問題になります。「とくに」を例に考えてみましょう。

・私は春が好きだ。とくに新緑の鮮やかな五月がいい。
・私は春が好きだ。新緑の鮮やかな五月がとくにいい。

前者の例では「とくに」が文頭に置かれているので、接続詞のように見えます。ところが、「とくに」が文中に置かれている後者の例では、接続詞とは考えにくくなります。後者の例から考えると、「とくに」は限定を表す副詞で、一義的には接続詞ではなさそうです。かといって、接続詞的機能を発揮しているものを接続詞から除くのも不便ですし、そうした判断は専門的すぎて、一般の人の感覚とかなりズレたものになるでしょう。

そう考えると、「とくに」をはじめとして、「とりわけ」「ただ」「むしろ」など、限定的な意味を表す副詞が文頭に立った場合、それを接続詞相当のものとしてとらえたほうが現実的です。実際、日本語を専門に研究する日本語学の世界でも、最近ではそうしたものを「接続表現」として一括するのが一般的になっています。ただ、「接続表現」という語は一般の人にはなじみがないでしょうから、本書ではそうしたものも接続詞という名称で扱うことにします。

指示詞との境界線

接続詞の場合、副詞だけでなく、「これ」「それ」などの指示詞との境界もあいまいです。事実、「それから」「それで」「そうしたら」「このように」など、指示詞由来の接続詞も少なくありません。直前に出てきた先行文脈を指示する指示詞に助詞がつき、形として固定化すると、接続詞になりやすい傾向があります。よく使われる「そして」も、「そのようにして」という意味の「そうして」の「う」が抜けて、慣用化したものです。

指示詞と接続詞は連続的ですが、はっきりとした違いもあります。指示詞は、先行する文の内容を後続する文に持ちこんで、後続する文の材料として使います。一方、接続詞は、先行する文の内容を受けて、後続する文の展開の方向性を示します。次の「それが」の例では、前者が指示詞、後者が接続詞です。

・結婚するまえ、夫はよく、私の仕事場まで車で送り迎えしてくれた。それが、夫の愛情の証だった。
・結婚するまえ、夫はよく、私の仕事場まで車で送り迎えしてくれた。それが、今では玄関まで見送りにも出てこない。

接続助詞との異同

接続詞の一般的な定義は、文頭にあって、直前の文と、接続詞を含む文を論理的につなぐ表現というあたりでしょうか。これで大きな誤りがあるわけではないのですが、やや不充分でしょう。

接続詞とは、先行文脈の内容を受けて（ここが副詞と違うところ）、後続文脈の展開の方向性を示す表現（ここが指示詞と違うところ）です。つまり、それ自体に実質的な意味はなく、前後の文脈があって初めてその存在が生きる表現です。

また、接続詞は、先行文脈とのあいだに切れ目があり、後続文脈に属する表現です。接続詞は、接続助詞とも似ており、よくその異同が問題になりますが、接続助詞は、先行文脈とのあいだに切れ目がなく、先行文脈に属する表現という点で、接続詞と異なります。

・松坂は右投げだが、岡島は左投げだ
・松坂は右投げだ。だが、岡島は左投げだ。

前者の例は接続助詞、後者の例は接続詞です。文の意味する内容は同じですが、ニュアンスは微妙に違います。後者の例のほうが、「松坂は右投げだ」「岡島は左投げだ」の部分がそれぞれ独立していて、情報として重みがある感じがします。

また、以下の例では、どちらが「仕事の速い課長」を評価している感じがするでしょうか。

・課長は仕事が速いが、ミスが多いのが玉にキズだ。
・課長は仕事が速い。だが、ミスが多いのが玉にキズだ。

後者の例の接続詞「だが」は逆接の力が強いので、一見、前者の例のほうが課長を評価しているようにも見えます。しかし、後者の例では「課長は仕事が速い」ということを文という形で認めているところに注目してください。一方、前者の例では、「課長は仕事が速い」の部分が「ミスが多いのが玉にキズだ」に従属し、相対的に軽い情報になっています。つまり、接続助詞のかわりに接続詞を使うことで、すでに述べた内容を独立させ、その部分を尊重することにつながるわけです。

接続助詞は先行文脈の勢いも不完全さもそのまま受けつぎますが、接続詞は先行文脈にいったんケリをつけ、あらためて文脈を起こしなおします。接続詞は、接続助詞の部分をいったん切り離しておいて、それを次の文に持ちこんで繰り返すことで、先行文脈の情報の独立性を尊重するのです。

以上の議論を踏まえると、接続詞の定義がかなり変わってきそうです。ここで、ひとまず整理しておきましょう。

接続詞の一般的な定義

接続詞とは、文頭にあって、直前の文と、接続詞を含む文を論理的につなぐ表現である。

接続詞の本書の定義

接続詞とは、独立した先行文脈の内容を受けなおし、後続文脈の展開の方向性を示す表現である。

このように定義しておけば、接続詞と副詞、接続詞と指示詞、接続詞と接続助詞の違いが明確にできるでしょう。

裏を返せば、これまでの考察からわかるように、接続詞は他の品詞と区別が難しい品詞だということになります。歴史的に見ると、はじめから接続詞だったと認定できるものはほとんどありません。副詞、指示詞、接続助詞、さらには動詞の連用形（接続助詞「て」も含む）や相対性のある名詞（「そのうえ」「その結果」など）、他の品詞が変化することによってできたものばかりです。

接続詞は、文という単位で書きたいことを切りだして表現するという習慣が定着した近代以降、急速に整備が進んだ品詞です。今後、接続詞がどうなるかはわかりませんが、「と言うか」→「ていうか」→「てか」のように、いくつかの品詞が組み合わさり、それが慣用化することによって、新たな接続詞が少しずつ生みだされていくような気がします。

接続詞は何をつなぐか

先ほど「接続詞の本書の定義」とあわせて「接続詞の一般的な定義」を示しましたが、その一般的な定義には、専門的な見地からすると、気になる点がまだ二つほどあります。一つは、接続詞は文と文をつなぐものなのかという点、もう一つは、接続詞は本当に論理的なのかという点です。まずは、接続詞がつなぐ単位から考えてみましょう。

接続詞は、じつは文と文をつなぐだけではありません。文より小さい「語と語」「句と句」「節と節」といった単位をつなぐこともあります。以下の例文では、傍線の接続詞は、前から順に「語と語」「句と句」「節と節」をつないでいます。

・印鑑、通帳、それから住民票を持ってきてください。
・このマスクは、風邪の人に、あるいは花粉症の人にお勧めです。
・この本は、嫌なことがあって落ちこんだときに、そして、恋愛で傷ついてしまったときに、ぜひ読んでください。

接続詞は、文より小さいものだけでなく、文より大きい単位である段落どうしをつなぐことも可能です。以下の例の「一方」がそれに当たります。

独身の女性には、経済的な豊かさがある。また、自分の人生を自分の力で切りひらこうという強い意志がある。
一方、結婚をした女性には、心のゆとりがある。いざというときに二人で助けあっていけるという安心感がある。

接続詞には、短い要素をつなぐのが得意なタイプと、長い要素をつなぐのが得意なタイプとがあり、そうした接続詞の個性の違いによって、私たちは長くて複雑な構造の文章を混乱せずに読むことができます。その点については、のちほど触れることにします。

接続詞は論理的か

接続詞は論理的か、というのは難しい質問です。論理学のような客観的な論理に従っているかという意味では、答えはノーです。もし厳密に論理で決まるのであれば、以下のように、論理的に正反対の事柄に両方「しかし」が使えるというのは説明できません。

・昨日は徹夜をして、今朝の試験に臨んだ。しかし、結果は〇点だった。
・昨日は徹夜をして、今朝の試験に臨んだ。しかし、結果は一〇〇点だった。

暗黙の了解として、前者の例では「徹夜をするくらい一生懸命準備すればそれなりの点が取れるだろう」があり、後者の例では、「徹夜をするくらい準備が不足していたのなら（または徹夜明けの睡眠不足の状態で試験を受けたのなら）それなりの点しか取れないだろう」があったと考えられます。このことは、接続詞の選択が客観的な論理で決まるものではなく、書き手の主観的な論理で決まることを暗示しています。

ですから、私は、高校入試や大学入試、法科大学院の適性試験などで見られる、接続詞を選ばせる問題があまり好きではありません。もちろん、前後の文脈から、そこに入りうる接続詞がある程度制限されること自体は否定しません。しかし、そうした問題は、接続詞が純粋論理によって決まるような錯覚を受験者に抱かせ、書き手による選択という接続詞の創造的側面を見失わせてしまうおそれがあるのです。

じつは、論理学は接続詞が苦手です。そもそも、従来の命題論理学では、「しかし」を扱うことができませんでした。以下の例では、「そして」であっても、「しかし」であっても、「昨日は夜遅くまで起きていた」ことと、「今朝は朝早く目が覚めた」ことが併存する点では同じであり、命題論理学ではいずれも「∧（かつ）」で表されます。

・昨日は夜遅くまで起きていた。そして、今朝は朝早く目が覚めた。
・昨日は夜遅くまで起きていた。しかし、今朝は朝早く目が覚めた。

接続詞で問われているのは、命題どうしの関係に内在する論理ではありません。命題どうしの関係を書き手がどう意識し、読み手がそれをどう理解するのかという解釈の論理です。

もちろん、言語は、人に通じるものである以上、固有の論理を備えています。接続詞もまた言語の一部であり、「そして」には「そして」の、「しかし」には「しかし」の固有の論理があります。しかし、その論理は、論理学のような客観的な論理ではなく、二者関係の背後にある論理をどう読み解くかを示唆する解釈の論理なのです。

じつは、人間が言語を理解するときには、文字から得られる情報だけを機械的に処理しているのではありません。文字から得られる情報を手がかりに、文脈というものを駆使してさまざまな推論をおこないながら理解しています。わかりやすくいうと、文字情報のなかに理解の答えはありません。文字情報は理解のヒントにすぎず、答えはつねに人間が考えて、頭のなかで出すものだということです。

近年、言語学の世界では、人間が言語を手がかりに、表現者の意図をどのように推論するか、その推論過程を研究する語用論という分野が注目を浴びています。記号の組み合わせを機械的に処理することを暗黙の前提とした文法論だけでは、言語でなぜコミュニケーションが可能なのかという説明が不可能であることに、多くの研究者が気づきはじめたからです。

そして、接続詞は、文のなかの情報を伝えるのではなく、文脈を使った推論の仕方を指示する役割を備えています。

接続詞の論理は、論理のための論理ではなく、人のための論理なのです。

第二章　接続詞の役割

接続詞は「書き手」のもの

前章の終わりで、接続詞は人のための論理を担うものであることを確認しました。だとしたら、接続詞は書き手のためのものなのでしょうか。読み手のためのものなのでしょうか。

結論からいうと、書き手のためのものでもあり、読み手のためのものでもあります。

まず、次の文章を例に、「書き手のためのもの」としての側面を考えてみましょう。

思いつくままに伯父の印象をのべてみると、まず第一に伯父は体格が立派で大きな方だった。一・八メートルはあっただろう。またその声がすばらしく大きかった。だから何よりも威厳があり、経験の深さがそのままじかに伝わってくるような感じだった。

第二に非常に身だしなみの良い方だった。まだ冷房のない時分、夏のどんな暑いときでも、シャツ一枚になるとか、くつろいだ格好をしているのを見たことがなかった。自分の部屋以外ではいつでもきちんと洋服を着、家の中でも靴をはき、これは夏でも冬でも変わることがなかった。

第三にとても礼儀正しい方であった。だれに対しても心から挨拶をされ、若い私などにも恐縮するぐらい丁寧に声をかけられた。

第四に飛びきり口やかましい方でもあった。これもただ無闇に叱るというのではなく、一定の筋道からその人の誤りを直し、その人のためを思って叱責するというやり方であった。

（長岡忠一「怖かった伯父――朝吹常吉のこと――」日本エッセイスト・クラブ編『片手の音　'05年版ベスト・エッセイ集』文藝春秋）

「思いつくままに伯父の印象をのべてみると」とあるように、書き手は伯父の印象をつむぎ、整理しようとしています。そして、「第一に」「第二に」「第三に」「第四に」と思いだした順に一つひとつ並べています。こういう整理の仕方は、書き手自身の思考の展開に枠をはめることになるので、思考の混乱を防ぐことができます。

また、今紹介した文章の冒頭の段落の内部でも、接続詞がうまく使われています。

思いつくままに伯父の印象をのべてみると、まず第一に伯父は体格が立派で大きな方だった。一・八メートルはあっただろう。またその声がすばらしく大きかった。だから何よりも威厳があり、経験の深さがそのままじかに伝わってくるような感じだった。

「まず」「また」「だから」の組み合わせのおかげで、この部分が、伯父の威厳と経験の深さに収束するように自然にまとまり、書き手の思考の整理に役立っています。

このように、接続詞は、複雑な内容を整理し、書き手があらかじめ立てた計画に沿って確実に文章を展開させたいときに力を発揮します。

接続詞は「読み手」のもの

一方、接続詞には「読み手のためのもの」としての側面もあります。「側面がある」というよりも、接続詞は原則として読み手のためにあると考えておいたほうがよいでしょう。

本書の冒頭で井伏鱒二の言葉を引用しました。その引用のなかで、「尊敬する某作家」が推敲の段階で、繰り返し接続詞に手を入れていたという事実がとくに重要です。

文章というのは社会的な存在です。読み手が読んで理解できるように書かなければなりません。しかし、私たちが文章を書くと、どうしても自分の論理で書いてしまい、その結果、その情報に初めて接する読み手が理解できなくなるということがしばしば起きます。文章を書くということの難しさは、まさにそこにあります。

書き手の論理で書いた文章は、しばらく寝かせて、自分と切り離す必要があります。そして、自分と切り離せた段階で、他者の眼でその文章を読みなおし、他者の論理で推敲をする必要があるのです。

自分の書いた文章を他者の眼できびしくチェックすることは「言うは易く、行なうは難し」ですが、優れた書き手は優れた読み手でもあり、自分の書いた文章を読み手の視点からモニターすることに長けています。そうした優れた書き手が推敲の段階で手を入れるのが接続詞なのです。

先ほど見た「思いつくままに伯父の印象をのべてみると」で始まる文章も、一見、書き手の論理で進められているように見えるのですが、読み手にとっても読みやすい文章です。実際には、あのエッセイは、書き手が書き手の論理で進めるフリをしているだけで、読み手の理解に沿うように書いてあるのです。

ただ、接続詞が「読み手のためのもの」であるとしても、どのような意味で読み手のためのものなのかを考える必要があるでしょう。それを知るためには、接続詞が読み手の理解のために果たしている多様な機能を概観することが重要です。以降では、その機能を「連接関係を表示する機能」「文脈のつながりをなめらかにする機能」「重要な情報に焦点を絞る機能」「読み手に含意を読みとらせる機能」「接続の範囲を指定する機能」「文章の構造を整理する機能」の六つに分けて見ていきます。

機能①——連接関係を表示する

接続詞の機能として、もっとも常識的な機能は、前後の文脈の関係を示す機能でしょう。それをここでは「連接関係を表示する機能」と呼んでおきます。

接続詞は読み手の理解の負担を軽減するものです。接続詞は、先行文脈と後続文脈の関係を限定することによって、連続する文の解釈の幅を狭め、理解しやすくします。

そのことを次の二つの文章を読んで確かめてみましょう。

・国際連盟は総会での全会一致による議決を原則としていた。当時の世界情勢に的確な対応ができず、第二次世界大戦への突入を防げなかった。国際連合では、総会に多数決制を導入し、安全保障理事会での常任理事国の権限を強化した。

・国際連盟は総会での全会一致による議決を原則としていた。そのため、当時の世界情勢に的確な対応ができず、第二次世界大戦への突入を防げなかった。そこで、国際連合では、総会に多数決制を導入し、安全保障理事会での常任理事国の権限を強化した。

どちらが読みやすいかは言うまでもないでしょう。接続詞が解釈の方向性を的確に誘導している文章のほうが読みやすいことがわかります。

機能②——文脈のつながりをなめらかにする

接続詞はまた、文脈のつながりをなめらかにし、違和感を軽減する機能も備えています。接続詞は文頭に位置し、後続文脈の展開を予告する働きを持つものですから、接続詞があることで、後続文脈をどう読むか、その姿勢が読み手のなかに生まれ、後続文脈の唐突感が減少することにつながります。

読み手が文章を読んでいくとき、可能なかぎり一貫性をもって読んでいこうとするわけですが、突然それまでの文脈と食い違う内容が出てくると、読んでいるほうはどう処理してよいか戸惑うことになります。その内容が誤っていることも含めて検討していかなければならなくなるわけです。接続詞があれば、そうした食い違いは食い違いとして処理できますので、読むときの負担が軽減されます。

一般に、順接の接続詞はなくても済む場合が多いのにたいし、逆接の接続詞は削りにくいのですが、その理由は、逆接という矛盾を含む展開が読者を混乱に陥れるおそれが高いことによります。

次の文章は芥川龍之介『侏儒の言葉』（新潮文庫）からの引用です。もし「しかし」がなければ、矛盾する二つの内容が連続し、読み手は理解の過程で戸惑うことになるでしょう。けれども、原文に「しかし」があることで、「人生」が一冊のまとまった本とは言いがたいが、かろうじて一冊のまとまりをなしているという微妙なバランスが、抵抗なく伝わってきます。「しかし」のない場合を頭のなかに思いうかべて、その違いを実感してください。

人生は落丁《らくちょう》の多い書物に似ている。一部を成すとは称し難《がた》い。しかしとにかく一部を成している。

機能③——重要な情報に焦点を絞る

接続詞が文頭にあるということは、後続文脈の理解の仕方に少なからぬ影響を与えます。とくに、先行文脈の内容をまとめて、書き手の結論を提示することを示すタイプの接続詞は、相対的に重要な情報が次に来ることを予告しますので、読み手はその文に注目して読むことになるでしょう。次の例では「このように」がその役割を果たしています。

｛古代の神権政治にはじまり、中世の封建制度、近世の絶対君主制を経て、近代市民社会、現代の普通選挙制の成立まで概観したあとで｝このように、古代に始まり現代に至るまでの長い闘争の歴史を経て、現代の民主主義は獲得されたのである。

一方、描写文には、登場人物の視点を感じさせる表現が多く現れます。そうした視点の働きを利用して、次に何が来るのか、期待させる働きを接続詞が担うことがあります。次の文の「すると」がその例です。「すると」の働きで焦点が絞られ、読み手は少女の視点になりきって、次に何が来るのかを期待しながら読んでいくことになります。

少女は悲しくなって、抱いていた熊のぬいぐるみに話しかけた。すると、ぬいぐるみは突然少女にむかって話しだした。

機能④――読み手に含意を読みとらせる

接続詞は、前後の文脈の関係を表示するものですが、いつも決まりきったような関係にばかり使うわけではありません。ふだん思いもしないような関係に、意外な接続詞をあえて使うことで、これまでにない新たな発想を開拓できる可能性があります。そうした接続詞の使用に敏感なのは、詩人と呼ばれる人たちです。

星はこれいじょう
近くはならない
それで　地球の草と男の子は
いつも　背のびしている

(岸田衿子「星はこれいじょう」大岡信選・日本ペンクラブ編
『愛の詩集　ことばよ花咲け』集英社文庫)

夜空に瞬いている星、空にむかって生えている草、背伸びをして空を見ている少年。一見、無関係に見えるこの三者を視野のなかに収めたとき、書き手はどのようにそれを表現するのでしょうか。詩人はその情景を「星はこれいじょう近くはならない」で描きはじめ、「それで」と続けています。この「それで」の存在がきわめて重要です。この「それで」によって、三者が見事に有機的な関係をとり結ぶのです。

一方、読み手のがわからこの文章を考えると、「星はこれいじょう近くはならない」という文を見て、「おやっ？」と思います。情景がうまく思いうかべられないからです。つづいて、「それで」という接続詞が出てきます。読み手は「それで、どうするんだろう」とわからないなりに想像を働かせます。そして、「地球の草と男の子はいつも背のびしている」で、それまでのもやもやが氷解します。「それで」によって示された詩人の発見を、読み手も追体験するのです。

接続詞は、後続文脈の展開を予告することで、読み手の解釈の幅を狭めます。それは、読み手の思考にタガをはめ、読むという行為をつまらなくしてしまうもののように思うかもしれません。しかし、接続詞には、新たな関係の発見をうながす創造的な側面もあるのです。こうした接続詞の創造的使用は文学作品にしばしば見られます。

機能⑤——接続の範囲を指定する

接続詞は前後の文脈の関係を表示するものですが、前後の関係を表示するということは、先行文脈のどの範囲と後続文脈のどの範囲を結びつけるのか、意味的に指定することになります。接続詞のそうした範囲指定機能は文章を読むときにおおいに役立ちます。

言語というものは、音声であっても文字であっても線的な構造（線条性）を備えています。書き言葉の場合、文字列が行末まで来ると、次の行の行頭に移りますので、一見、平面的に見えるかもしれません。しかし、改行が存在しない場合を想像すれば、本来延々と続く一本の線のような構造をなしていることが、すぐにわかるでしょう。

言語というものの本質はその線条性にあります。線条的な構造に沿って一定の時間をかけて順に読んでいくのが言語の理解です。その意味で言語は、同じように理解のプロセスを有する音楽に似ており、一目で鳥瞰できる絵画と性格が異なります。

しかし、言語で表現される内容は重層的です。「第一部」「第一章」「第一節」などと区分されるのは、その重層性の反映です。そうすると、一本の線のような構造体である言語が、重層的な内容を表すというアクロバットのような芸当をどのようにやってのけるのか。これを解明することが、言語学の一つの課題になります。

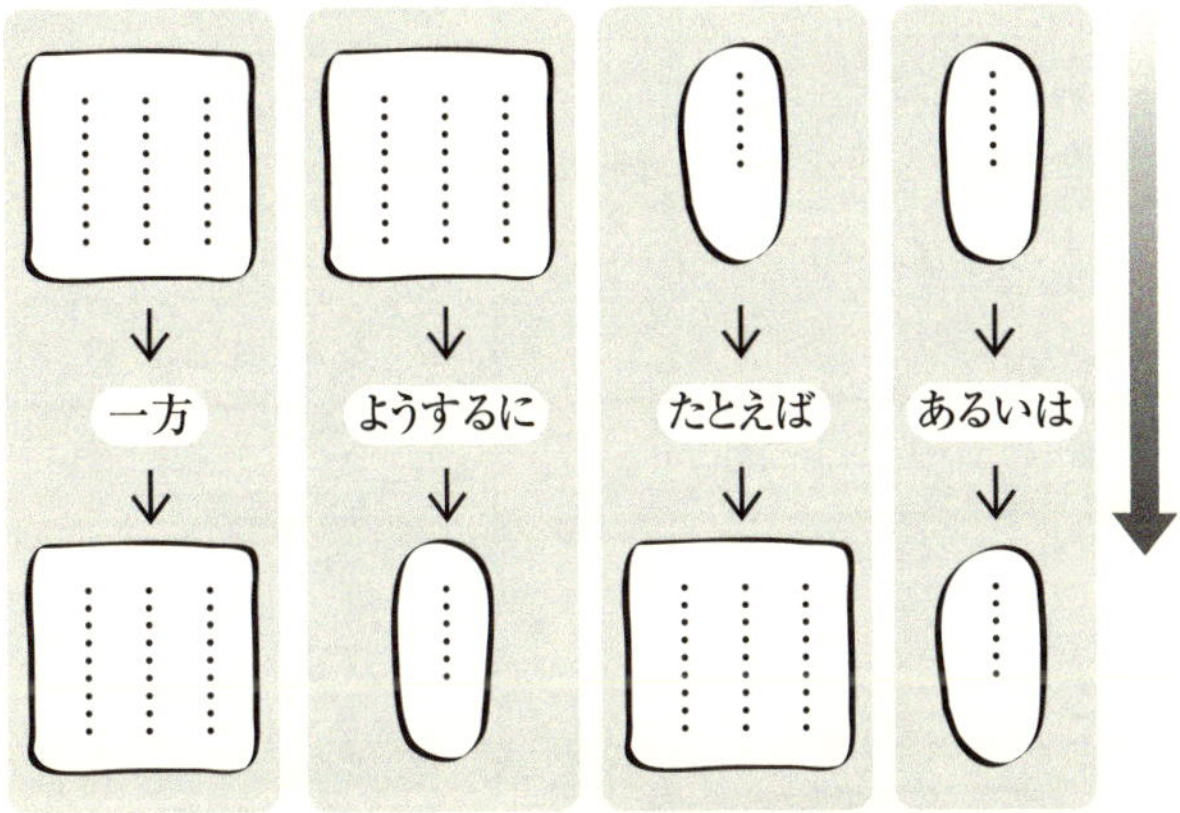

接続詞の範囲指定機能によって、文の構造を立体的にとらえる

じつは、そのような芸当を可能にしている要素の一つが、接続詞の範囲を指定する機能です。接続詞は、個々の意味によって、それぞれ異なる範囲を指定します。「あるいは」であれば短い先行文脈と短い後続文脈を結び、「たとえば」であれば短い先行文脈と長めの後続文脈を結ぶ。反対に、「ようするに」であれば長い先行文脈と短い後続文脈を結び、「一方」であれば長いものどうしを結ぶ。あくまで傾向ですが、そのような特徴があります。

こうした接続詞の範囲指定機能によって、読み手は、一本の線である言語の構造を立体的にとらえることができるようになります。ここでは、先行文脈・後続文脈ともに指定する範囲の広い「一方」の例を見てみましょう。

〈東芝製の内視鏡をめぐる、東芝と長崎市の開業医との論争で〉①開業医の説明によると、胃などを観察する電子内視鏡を一九九五年、八五〇万円で購入した。②ところが、画面に曇りが生じることから、昨年一一月、原因の調査を東芝に調べるよう求めた。③東芝側は、複数回検査した結果として「装置不良は考えられず、使用に起因する問題」と回答してきた。④しかし、他のメーカーの内視鏡で同様の使い方をしても不具合が出ないことなどから、弁護士を通じ八四〇〇万円の賠償を書面で求めた。

⑤さらに今年三月二三日、「欠陥品を五年間も放置」とのタイトルをつけたホームページを掲載し、東芝側の書面や機器の異常部位の写真などを載せた。⑥ホームページはすでに延べ九万人が見ている。

⑦一方、東芝は、医療機器を認可する厚生省に開業医とのトラブルを説明するとともに、機器の品質調査を継続、ほかの複数の医師にも使用してもらって異常の有無を確認した。⑧しかし、欠陥は一切見つからなかったという。⑨また、開業医が指摘する欠陥の部位は二回も変わっているとして「根拠のない非難」と反論している。

（『毎日新聞』二〇〇〇年六月三日夕刊）

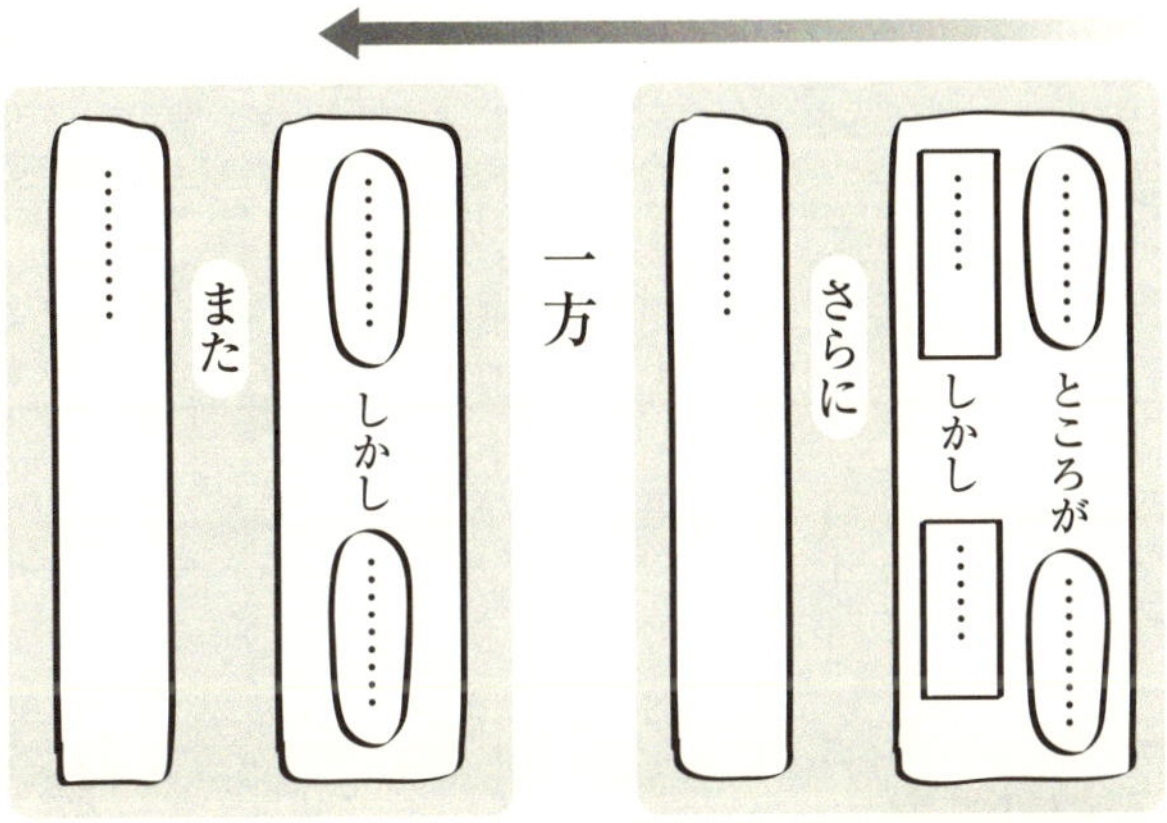

東芝製の内視鏡をめぐる、東芝と長崎市の開業医との論争の例文

「一方」の指定している領域は、「①～⑥。一方、⑦～⑨。」で、「一方」がこの文章の階層構造の最上位にあることがわかります。そのすぐしたの階層構造をなしているのは、「さらに」と「また」で、それぞれ「①～④。さらに、⑤～⑥。」「⑦～⑧。また、⑨。」です。さらにその下位の階層構造をなしているのは、「ところが」と「しかし」で、それぞれ「①。ところが、②。」「③。しかし、④」「⑦。しかし、⑧。」となります。

　ここで大切なのは、読む過程のなかで、接続詞の指定している範囲を読み手が自然に認識しているということです。①は「開業医の説明によると」で始まっており、開業医の立場から見た見解が述べられます。そして、⑦「一方、東芝は」で、今度は東芝がわの見解が開業医の見解と対照的な形で述べられることが予告され、「一方」の効力は東芝がわの説明が終わるまで続きます。

そのすぐしたの階層構造を支える「さらに」「また」の指定する範囲も、理解過程のなかでわかります。「さらに」「また」という並列の接続詞は、先行文脈で示された事柄に類する事柄が別にあるということを示す形式です。「さらに」は、裁判で損害賠償を請求するのとは別の類似の事柄、すなわち、ホームページで訴えるということの予告になっていますし、「また」は、調査で欠陥は見つからなかったというのとは別の似たような事柄、すなわち、欠陥をめぐる相手の主張の不自然さを問うことを予告しています。

一方、「ところが」「しかし」といった逆接の効力はすぐにつぃえます。「ところが」は②の途中「画面に曇りが生じる」まででその役割を終えます。そこまで読めば、「ところが」の存在意義がわかるからです。二つの「しかし」の効力も、④の途中「他のメーカーの内視鏡で同様の使い方をしても不具合が出ない」と⑧の「欠陥は一切見つからなかった」までしか続きません。そこまで読めば逆接の関係が理解でき、それ以降は「しかし」とは直接関わらない内容が示されているからです。

理解する過程で、接続詞をたよりに前後の文脈を結びつけようとすると、接続詞そのものが持っている意味によって、どこからどこまでを結びつけているのかを読み手は意識します。そして、その意識が文章の重層的な構造を立体的に理解することにつながるのです。指示詞のように、先行文脈または後続文脈のどの部分を指しているのか意識するタイプもそうなのですが、言語、とくに書きことばである文章には、前後の文脈を意識させることで、線条的な構造の言語を立体的に理解させる装置が整っています。

英語で文章のことを「テキスト」といいますが、これはラテン語の「織る」という語に由来し、「編み織られたもの」という意味を表します。文章という一本の糸が「織物」として機能するためには、接続詞の存在が不可欠なのです。

機能⑥——文章の構造を整理する

ここまで、言語は本質的に線条的なものであると繰り返し述べてきました。それ自体に誤りはないのですが、書き言葉の場合、段落という便利なものがあり、それによって内容のまとまりを二次元的に示しています。

接続詞は、そうした内容のまとまりを示す段落の冒頭につけられ、インデックスのような

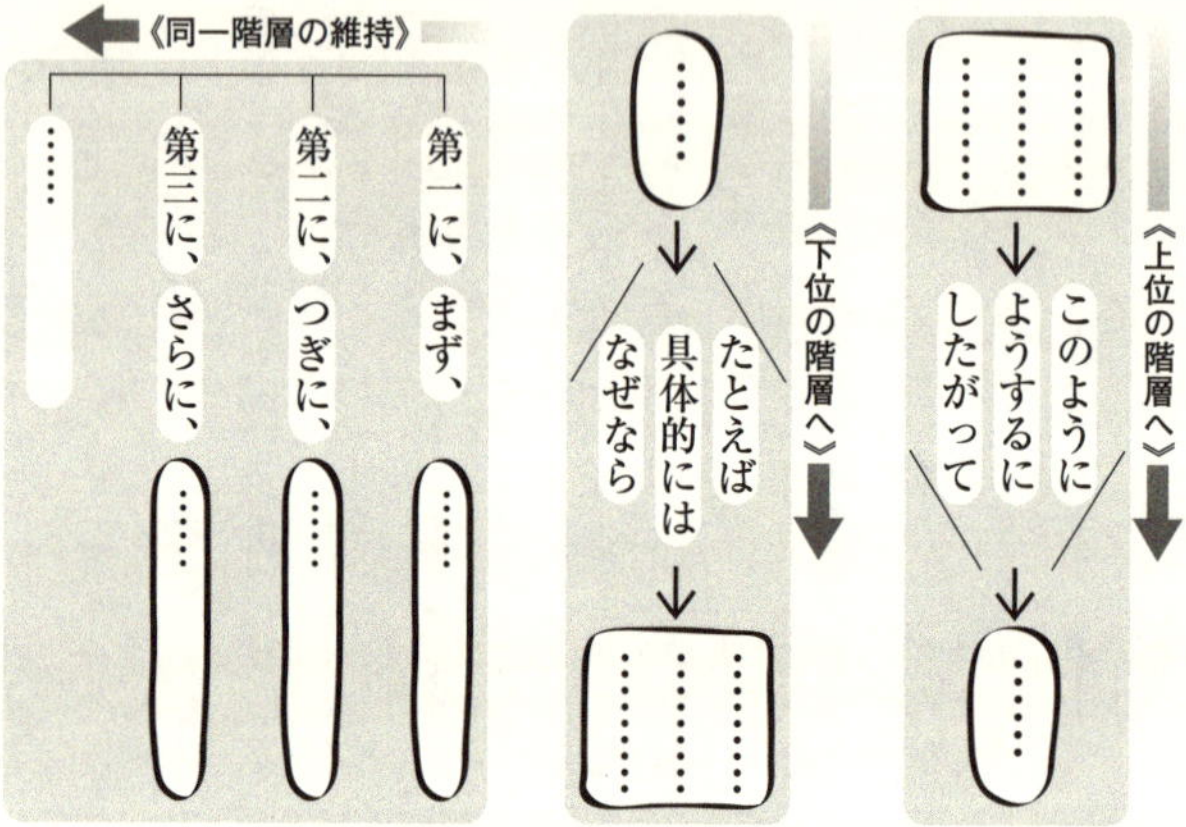

接続詞の階層を示す働きの例

役割を果たすことがあります。パソコンにたとえて言うと、文というファイルをデスクトップにむきだしに置くのではなく、段落というフォルダに接続詞でファイル名をつけて整理して保存しておくようなものです。

先ほど述べた接続詞の範囲指定機能とも関わるのですが、接続詞にはフォルダのどの階層に入っているかを示す働きもあります。抽象的・一般的な内容を表す文は上位の階層にあり、具体的・個別的な内容を表す文は下位の階層にあると考えると、接続詞は階層を変更したり維持したりする働きがあると考えることができるでしょう。

階層を変更する接続詞にはさまざまなものがありますが、上位の階層への移動を予告する

「このように」「ようするに」「したがって」など、下位の階層への移動を予告する「たとえば」「具体的には」「なぜなら」などが代表的です。

一方、同一階層の維持を予告するものも多くあります。むしろ、そうした接続詞のほうが文章の構造を整理するのに役立つことが多いようです。とくに、「第一に」「まず」「つぎに」「さらに」のような順序を示すものが大切で、段落の冒頭で文章の階層構造を整理して示すインデックスの役割を果たします。

ご存知ジャンヌ・ダルクについて書かれた本。それがなぜ、それほどに面白いのか。ジャンヌ・ダルク研究に一生をかけた著者が、資料を読み込んで、すみからすみまで熟知していることを、平易に、嚙み砕いて書いているからである。

そこには三つの大きな特徴がある。

第一に、正確さへのあくなき追究。研究者は誰でも正確を期さない人はいないだろう。しかしこの著者ほどそのことに徹した人は多くない。その感情や推理を抑制した厳正さが自ずから読者をひきつける。

第二に、ジャンヌ・ダルクには多くの謎があり（たとえば彼女のうけた神の啓示とは本当だったのか、彼女の幻想だったのではないか）、その謎をめぐってはげしい論争がある。しかしその論争を描く時の著者は冷静かつ公平をきわめる。公平な態度は同時に客観性をもつだろう。それが研究者の資格であることもまたいうまでもない。

第三に、研究対象を熟知しているために、すみずみまで気配りがなされている。気配りは歴史のなかでの多くの可能性、あらゆる推測の選択肢を無視しないことを意味する。それが読者の想像力を刺激する。

以上三点は研究者として当然のことかも知れない。しかしその当然のことがここまで徹底すると、そこに異様な迫力をもって歴史の全貌《ぜんぼう》が浮かび上がる。

（『毎日新聞』二〇〇五年一一月六日朝刊）

こうした接続詞は、話の流れを単調にしますが、文章の構造が一目で理解できるという点で便利です。話のあらすじをわかりやすいように示し、重要な情報を見分けやすくしてくれています。こうした接続詞があると、読み手の理解の省力化につながります。

第三章　論理の接続詞

四種十類に分けてみる

これまでは、接続詞全般の機能について見てきました。しかし、個々の接続詞の具体的な用法を知ることなく、接続詞の優れた使い手になることはできません。以降の章では、多種多様な接続詞を個別に見ていくことで、接続詞のセンスをみがくことをめざします。

本書では、接続詞を大きく四つのタイプに分けます。「論理の接続詞」「整理の接続詞」「理解の接続詞」「展開の接続詞」です。また、特殊なものとして「文末の接続詞」と「話し言葉の接続詞」を取りあげます。

「論理の接続詞」は、前後の文脈が条件関係によって関連づけられることを示す接続詞です。既存の条件関係を下敷きにして理解させることで、読み手の推論を限定し、文章の論理性や説得力を高めるのに役立ちます。「順接の接続詞」と「逆接の接続詞」に分かれます。

「整理の接続詞」は、類似の内容が対等に並んでいることを示す接続詞です。どの事柄が対等な関係にあるかを明確にすることで、複雑な内容を整理、分類して示すのに役立ちます。「並列の接続詞」「対比の接続詞」「列挙の接続詞」に分かれます。

「理解の接続詞」は読み手にとって不足しているおそれのある情報の補填を予告する接続詞です。先行文脈の内容をわかりやすく、イメージ豊かなものにするのに役立ちます。「換言

- **論理の接続詞**
  - 「順接の接続詞」
    - 「だから」系
    - 「それなら」系
  - 「逆接の接続詞」
    - 「しかし」系
    - 「ところが」系
- **整理の接続詞**
  - 「並列の接続詞」
    - 「そして」系
    - 「それに」系
    - 「かつ」系
  - 「対比の接続詞」
    - 「一方」系
    - 「または」系
  - 「列挙の接続詞」
    - 「第一に」系
    - 「最初に」系
    - 「まず」系
- **理解の接続詞**
  - 「換言の接続詞」
    - 「つまり」系
    - 「むしろ」系
  - 「例示の接続詞」
    - 「たとえば」系
    - 「とくに」系
  - 「補足の接続詞」
    - 「なぜなら」系
    - 「ただし」系
- **展開の接続詞**
  - 「転換の接続詞」
    - 「さて」系
    - 「では」系
  - 「結論の接続詞」
    - 「このように」系
    - 「とにかく」系

四種十類の接続詞

の接続詞」「例示の接続詞」「補足の接続詞」に分かれます。

「展開の接続詞」は、話の本筋を切り換えたりまとめたりする接続詞です。文章全体の流れを大局的な目でとらえ、文章をとおして書き手の言いたいことが何かを知るのに役立ちます。

「転換の接続詞」と「結論の接続詞」に分かれます。

本書では、接続詞全体をこのように四種十類のタイプに分け、そこに個々の接続詞を当てはめました。実際には、接続詞によっては複数のタイプにまたがる用法の広いものもあるのですが、便宜上、個々の接続詞の代表的な用法を一つに定め、それを本属として各タイプに振り分けてあります。

この第三章では「論理の接続詞」を取りあげます。「論理の接続詞」というのは、原因—結果の因果関係をはじめとする条件関係を前提とした論理的展開を予告する接続詞です。条件関係に従った帰結を予告する「順接の接続詞」と、条件関係に反した帰結を予告する「逆接の接続詞」があり、それぞれ順に説明していきます。

順接の接続詞

昔、文法の時間で、確定条件と仮定条件について習ったことを憶えているでしょうか。

「今年の夏は猛暑だったので、ビールがよく売れた」が確定条件、「今年の夏が猛暑なら、ビールがよく売れるだろう」が仮定条件です。「今年の夏が猛暑である」というのが事実であれば確定条件に、見込みであれば仮定条件になります。

確定条件にせよ、仮定条件にせよ、条件表現の特徴は、「猛暑→ビールがよく売れる」という因果関係を前提にしているところです。この因果関係は、書き手・読み手双方の頭のなかに一般的知識としてあらかじめ存在していると考えられます。前提となっているその一般的知識をなぞることによって、相手を説得するのが条件表現の特徴です。

頭のなかに一般的知識として存在しない内容や、矛盾する内容を前提にすると、読み手に「おや、変だぞ」と思わせることになり、説得力が下がります。「今年の夏はオリンピックがあったので、ビールがよく売れた（「テレビがよく売れた」なら納得できる）」「今年の夏は冷夏だったので、ビールがよく売れた（「あまり売れなかった」なら納得できる）」などは、説得力を欠く例です。

ここまで述べてきたことは一文のなかでのことですが、文を超えた確定条件、仮定条件もあります。これらは順接の接続詞によって表されますが、文を超えた確定条件を「だから」系の接続詞、文を超えた仮定条件を「それなら」系の接続詞と呼び、それぞれくわしく見ていくことにしましょう。

「だから」系――原因―結果の橋渡しに活躍

確定条件によって因果関係を典型的に表す接続詞は「だから」でしょう。「だから」は、先行文脈と後続文脈が原因―結果の関係にあることを明示し、それによって文章の説得力を高めるのが基本的な働きです。先ほど述べたように、前提となる内容は、読み手が一般的知識として持っている内容でなければなりません。

次の文では、「薬を飲んで寝る」→「頭痛が治る」という一般的知識を前提としています。

昨晩は頭痛がひどかったので、薬を飲んで寝た。だから、今朝は頭痛が治まった。

こうした文は、論理的にはしっかりしているのですが、常識に依存するだけに、おもしろみに欠けるのも事実です。したがって、現実の文章では、読み手が一般的知識から推論して「だから」の意味を発見するようなものに使われます。

私は一人暮らしで外食が多い。だから、買ってきた食材を腐らせてしまうことが多い。

ここでは、「一人暮らしで外食が多い」→「家であまり料理はしない」→「買ってきた食材を使いきれない」→「買ってきた食材を腐らせることが多い」という推論が働いていることがわかります。一見簡単に見えるような理解でも、じつは頭のなかでかなり複雑な思考をおこなっているものです。

接続詞の文脈効果を高めるには、読み手に推論をさせるような接続詞の使い方が効果的です。推論させるためには、見え見えの後続文脈ではなく、読み手にとってちょっと意外な後続文脈に橋渡しをするのがよいことになります。

絵本は人間にとって最も大切なこと、基本的なことを、子どもにも分かるやさしい言葉で表現している。だから、子どもだけでなく大切なことをつい忘れがちの大人にとってもかけがえのない本だといえる。

（『毎日新聞』二〇〇五年七月七日夕刊）

この文では、「子どもにとって大切な本だ」だけではなく、「大人にとってもかけがえのない本だ」として、意外感を出したところがミソです。

「だから」に似た働きをするものには、「したがって」「ゆえに」「よって」「そのため」「それで」などがあります。

「したがって」「ゆえに」「よって」は、論理学を想起させるような接続詞群で、数学の証明問題に出てきそうな接続詞です。論文やレポートなどで、論理的必然性の高い結論に帰着させるときによく用いられます。

　三角形ABCにおいて、角Aは三十度、角Bは六十度である。三角形の内角の和は百八十度なので、角Cは九十度となる。したがって、三角形ABCは直角三角形である。

「そのため」もまた、論文やレポートで好まれます。「だから」は因果関係を表す接続詞としてもっとも一般的な形式ですが、書き手が顔を出して、あらかじめ用意していた結論に強引に結びつけるような語感があります。「だから、やめとけと言ったんだ」「だから、そうじゃないって、さっきから何度も言ってるでしょ」のような、会話に現れる「だから」はもはや因果関係を表してはいません。話し手がすでに持っている意見や考えに強引に帰着させる感情的な表現です。そうした「だから」の語感を避けるために、「そのため」を使って、因果関係を事実として客観的に伝えるという方法がしばしば用いられます。

日本では買い物のほとんどが現金で行われ、小切手を送って決済する習慣がほとんどない。そのため、現金が使用できないネット上での取引ではクレジットカードが利用されることが多い。

（『毎日新聞』二〇〇五年七月二九日朝刊）

「それで」は、「だから」と同様に、会話などの話し言葉や、書き言葉であっても比較的くだけた文体に用いられる傾向があります。「だから」のような、書き手の責任で因果関係を結びつけるものとは異なり、「そのため」と同様に対象そのものの論理によって結ばれる因果関係というところに特徴があります。次に紹介するのは、新美南吉の童話『蟹のしょうばい』（大日本図書）の「それで」の例です。いたずら好きのタヌキが、自分の毛だけでなく、お父さんの毛も刈ってくれと、カニの床屋に迫る場面です。

「じゃ、やくそくだから、わたしのお父さんの毛もかってくれたまえ。」

「お父さんというのは、どのくらい大きなかたですか。」

「あの山くらいあるかね。」

蟹《かに》はめんくらいました。そんなに大きくては、とてもじぶんひとりでは、まにあわぬと思いました。

そこで蟹《かに》は、じぶんの子どもたちをみなとこやにしました。子どもばかりか、まごもひこも、うまれてくる蟹《かに》はみなとこやにしました。

それでわたくしたちが道ばたにみうける、ほんに小さな蟹《かに》でさえも、ちゃんとはさみをもっています。


ここでこの作品は閉じられますが、作品を閉じるにあたり、「それで」という、対象そのものの論理に基づく口語的な接続詞が、この童話の優しくも諭すような語り口とよくマッチしています。

「それなら」系——仮定をもとに結果を考える

確定条件を表す「だから」系の接続詞については一通り見てきました。一方、仮定条件を表す「それなら」系の接続詞にはどんなものがあるでしょうか。「それなら」以外には、「それでは」「すると」「そうすると」「そうしたら」「だとすると」「だとしたら」などがあり、否定の「それなら」系には「そうしないと」「そうでないなら」「さもないと」などがあります。しかし、こうした接続詞は話し言葉が中心で、用法上も大差がないので、ここでは「それなら」に代表させて説明します。

　児童手当にしても月五〇〇〇円ですが、あるアンケートでは子供に月五万円かかるといいます。それなら五万円出せば、少子化対策をしているメッセージが伝わるじゃないですか。

（『毎日新聞』二〇〇五年一月五日朝刊）

子育てに「月五万円かかる」が事実かどうかはわかりませんが、かりにそうだと考えて、その仮定のもとに結果を考えるわけです。これが「それなら」系の接続詞の基本的な用法です。

　ただ、「それなら」系の接続詞のなかで、やや特殊な振る舞いをするものがあります。それは、「すると」です。「すると」には、もちろん「それなら」などと同じように、先行文脈の命題の存在を仮定しておいて、その結果を導くときに使う用法もあります。

年を取ると、足腰が弱くなって歩けなくなる。すると、車いすを使って外出せざるをえない。しかし、日本の都市は車いすで移動するにはあまりにも不便なのだ。

しかし、「すると」で断然多いのは、「ある事態が起こった結果どうなるか」や「ある行動をした結果どうなるか」などといった因果関係の発見の用法です。これは、仮定条件という枠からはみだす用法です。

藍子も血の気のない顔に決意のようなものを浮べ、常々頭をおおっている手拭をとった。すると、その下から見苦しい、女とも男ともつかないような坊主頭が現われた。

（北杜夫『楡家の人びと』新潮社）

確定条件にせよ、仮定条件にせよ、「こうなればこうなる」という条件関係が前提になるのですが、発見を表す「すると」にかんしてはそうした前提が不要です。むしろ、この例に見られるように、前提となる条件関係が新たに生まれる瞬間を注視しているという感じがします。

発見を表す「すると」は、誰の目から見ているかという視点が関わる文章、とくに小説では必要かつ有効な接続詞です。「すると」を使うことで、あたかも登場人物の目になったかのようにしてその場面を見ることができますし、次に何が起こるのか、息をのんで見守るような効果があるからです。もちろん、濫用はその効果を半減させますが、すでに起こった事態の結果として次に何が起こるか期待させる「すると」の呼吸を会得していれば、小説だけでなく、エッセイやブログを書くときにも活かすことができます。

逆接の接続詞

すでに見た確定条件と仮定条件の接続詞はいずれも順接で、「こうなればこうなる」という前提をなぞるものでした。一方、逆接の接続詞は「こうなればこうなる」という前提に反することを予測する表現です。「こうなってもこうならない」「こうなったけどこうならなかった」ということを表します。

そのことを、順接の接続詞の代表「だから」と、逆接の接続詞の代表「しかし」で見てみることにしましょう。

・室内の温度が三〇度を超えていた。だから、クーラーを入れた。
・室内の温度が三〇度を超えていた。しかし、クーラーを入れなかった。

部屋のなかが暑ければ、涼しくするためにクーラーを入れるというのは、多くの現代人にとって自然な条件関係です。そのため、その条件関係をなぞる行動を取る場合は、順接の「だから」を使って表現します。一方、クーラーが体質に合わない、可能なかぎりエコな生活を心がける、お金がないので電気代を節約するといった理由で、あえてその条件関係に反する行動を取る場合は、逆接の「しかし」を選択して予想に反する結果を予告します。

ところが、逆接が前提とするのは条件関係にとどまりません。並列関係を前提とすることも可能です。並列の接続詞「しかも」と「しかし」を比べてみることにしましょう。

・駅前の立ち食いそば屋のそばは安い。しかも、おいしい。
・駅前の立ち食いそば屋のそばは安い。しかし、まずい。

良質の高級なそば粉を使っている場合、そばが高いからおいしいという条件関係は成り立ちます。しかし、そばが安いからおいしいという条件関係は通常成り立ちません。そこに見られるのは、「安くておいしい」という、消費者にとってプラスの面の共存、つまり並列関係です。「しかし」は、この並列関係を否定することもできるのです。

「安い。しかし、まずい。」の例は、「値段は安い。しかし、味はまずい。」と言い換えることができます。「値段は」の「は」、「味は」の「は」に力点を置いて発音するとわかるように、この両者の関係は、助詞「は」に見られる対比がベースになっています。

一方、助詞「も」に見られる共存がベースになっている逆接もあります。本来共存しないはずのものが共存していると考えられるときは、両者を逆接の接続詞で結ぶことが可能なわけです。次例では、「サッカーはヨーロッパも強い」として、前後の二文を「も」で統一することも可能です。

・サッカーはヨーロッパが強い。しかし、南米も伝統的に強い。

「サッカーはヨーロッパが強い」という文は、アジアやアフリカなど、ヨーロッパ以外の地域が弱いという意味を包含する可能性があります。しかし、この文では、そうした含みを排除するために、「しかし」が使われています。

このように、逆接は、条件関係だけでなく、並列関係、包含関係を否定するさいにも用いることが可能です。ある内容が与えられたとき、そこから無理なく想定できる含意に反する展開は、すべて「しかし」で表せるわけです。つまり、順接よりも逆接のほうが論理的に広く、そのため、逆接の接続詞が多用される傾向にあります。

「しかし」が続く文章は読みにくいか

逆接の接続詞の代表は言うまでもなく「しかし」です。「しかし」は万能選手といってもよいほどの用法の広がりを持っています。とくに、書き言葉での使用頻度が高く、新聞でもっとも多く出てくる接続詞が「しかし」です。しかも、新聞だけでなく、小説、エッセイ、論文などでの使用頻度も高く、ジャンルを超えてよく使われます。

ただ、それだけ「しかし」が多いということは、安易に使われがちだということを意味します。文章を書いていて「しかし」を濫発しがちな人は、無駄な「しかし」を削れないか吟味する必要があります。

「しかし」に手を入れるさいに、まず考えたいのは、逆接の接続詞そのものを減らせないかということです。逆接の接続詞を使いすぎると文章が読みにくくなるという人がいます。じつは、それは半分正しく半分誤りです。そのことを次の文章で確かめてみましょう。

スーパーなどでの買い物のさいに渡されるレジ袋は、国内の年間使用量が約三百億枚と言われ、容器など、プラスチック製包装ごみの約十%を占めている。有料化を法律によって義務づけ、削減を目指す時期に来ていると思われる。

コンビニ業界は「弁当やおでんなどにはレジ袋が欠かせないし、コンビニという店の性格上『袋も有料です』とは言いづらい」という。しかし、コンビニをはじめ、スーパー、商店など、すべての小売店でレジ袋が有料化されれば、消費者もそれに慣れ、不満は次第になくなるだろう。

百貨店業界は「百貨店の手提げ袋は、PRの重要な手段であり、袋を売るとブランド・イメージが崩れるおそれがある」としている。しかし、消費者は、すでに割高な料金を払って、百貨店のロゴ入りの袋を購入しているわけで、有料化によってブランド・

イメージが崩れるとはにわかに考えにくい。

消費者としては、マイバッグ持参では、買い物の量が多くなったときにカバンに入りきらなくて困るという言い分があるかもしれない。しかし、マイバッグのなかにレジ袋を小さくたたんで忍ばせておけば対応できるし、必要ならばその場でレジ袋を購入してもよい。

汁物がこぼれると不安だとか、生鮮食料品などでマイバッグが濡れるのが心配だという人もいるだろう。しかし、そうしたことが気になるのなら、家からビニール袋を持参すればよい。

レジ袋の有料化は実質的な値上げになり、家計を圧迫することになるのを恐れる人もあろう。しかし、これまでのレジ袋の費用は価格に転嫁されていたわけで、小売店にその分の値下げをおこなうことを義務づければよい。

以上の検討から、レジ袋の有料化を法制化しても大きな問題は生じないと思われる。


文章としては単調で、文章そのものの価値は別に考える必要があるでしょうが、少なくとも読みにくくはないと思います。それは、他者の意見と書き手の主張を明確に区別し、各段落で、「他者の意見」＋「しかし」＋「書き手の主張」というパターンを貫きとおしているからです。

一般に、逆接の接続詞の多い文章が読みにくいのは、他者の意見にも、書き手の主張にも、逆接の接続詞がつけられてしまい、議論が入り組んでしまうからです。とくに、一つの段落に複数の逆接の接続詞を含んでいる文章で読みにくくなりがちです。そうした文章を読まされる読み手は、どこまでが他者の意見で、どこからが書き手の主張かが読んでいるうちに区別できなくなり、混乱してしまうのです。書き手の立場が明確になるように逆接の接続詞を使っているぶんには、読みにくい文章になることはありません。

「しかし」系――単調さを防ぐ豊富なラインナップ

ただ、「しかし」の繰り返しが単調さを生むという問題は、別に解決する必要があるでしょう。結論から述べると、逆接の接続詞をうまく使い分ければ単調さは防げます。「しかし」はその用法があまりにも広いために、過剰に使いすぎてしまうのです。文章を書いていて、「しかし」が続いたと感じたときは、「しかし」を別の接続詞に置き換えることをお勧めします。それによって、文章の洗練度が変わってくるからです。

では、「しかし」以外の逆接の接続詞にはどのようなものがあり、どのようなときに「しかし」と置き換えたらよいのでしょうか。

「しかし」にもっとも機能が近いのが、「だが」です。硬い文体で使われる接続詞で、新聞や論文などでよく使われます。文体的な違いを除けば、基本的に「しかし」とほとんど置き換え可能です。ですから、硬い文章を書いていて「しかし」が続くと感じたら、そのうちのいくつかを「だが」で置き換えるというのが、「しかし」の単調化対策の第一歩です。

「しかし」は先行文脈と後続文脈の食い違いを強調する接続詞で、文章の展開を積極的に切り替える意味合いをもっています。それにたいして、「だが」は先行文脈の延長線上に後続文脈が来ないことを示す接続詞で、それまでの文脈で示さなかった事実や書き手の意見を「じつは」という感じで差しだす意味合いを持っています。「しかし」ほど強くありませんが、けっして弱くもありません。たとえていうと、「しかし」が見た目も派手なハードパンチだとすると、「だが」はあとでじんわりと効いてくるボディーブローです。そのことを、実例をもとに確認しましょう。

原爆投下はおぞましい犯罪だ。個人的には東京大空襲はさらにひどい犯罪だと考えている。しかし、戦争犯罪を定義したのはニュルンベルク裁判だった。枢軸国の行為のみを戦争犯罪、平和に対する罪、人道に対する罪と定義し、大都市への空爆など連合国もした行為は定義から除かれた。

原爆投下を巡っては「ソ連に核の威力を見せるためだった」との意見もあるが、正しいとは限らない。米国も日本も消すことの出来ない忌まわしい歴史を直視しなければならない。

しかし、歴史証人となる目撃者が少なくなり、権力者が史実を気高く偉大なイメージに作り直す作業が始まる。日本も同じ道をたどっているようだ。こうしたプロパガンダと戦わなくてはいけない。人間は個人生活でも、自分の行為を正当化しようとする。だが、国家や権力機関がそれを始めたときは非常に危険である。

（『毎日新聞』二〇〇五年八月六日朝刊）

この例に見られる二つの「しかし」では、筆者の見解が先に示され、それに反する現実が後に続くという構造になっています。一方、最後の文の文頭にある「だが」では、「だが」のあとに筆者の主張が来ています。文脈に応じて「しかし」と「だが」を使い分けることで、文章の構造が明確になり、文章の説得力が増しています。

話し言葉でよく使われる「でも」は、書き言葉における「しかし」と同じような役割を担っています。

「でも」は、「それでも」に由来します。「それでも」は、それまでの状況では事態は動かなくても、直前に示された決定的な条件が加わればさすがに事態は変わるだろうというときに、やはり事態に変化がないということを予告するのに使われます。

十分待った。彼は現れない。もう十分待った。彼はまだ来ない。「早く来い!」と携帯でメールを送り、さらに二十分待った。それでも、彼は現れなかった。

こうした「それでも」のうまい使い方をした作品が『おおきなかぶ』(ロシア民話、A・トルストイ再話、内田莉莎子訳、福音館書店)というロシアの民話です。この民話は、おじいさんが大切に育てたかぶが大きくなりすぎたので、おじいさんだけでは抜けなくなってしまい、あちこちから人手を集めてきて、その大きなかぶをみんなで力を合わせて抜くというお話です。

まず、大きく育ったおいしそうなかぶを「うんとこしょ　どっこいしょ」とおじいさんが抜こうとします。「ところが　かぶは　ぬけません」。そこで、おじいさんはおばあさんを呼んできて、「うんとこしょ　どっこいしょ」と二人でかぶを抜こうとします。「それでも　かぶは　ぬけません」。そこで、おばあさんは孫を呼んできて、「うんとこしょ　どっこいしょ」と三人でかぶを抜こうとします。「まだ　まだ　かぶは　ぬけません」。そこで孫はイヌを呼んできて、「うんとこしょ　どっこいしょ」と三人と一匹でかぶを抜こうとします。「まだ　まだ　まだ　まだ　ぬけません」。イヌはネコを呼んできて、「うんとこしょ　どっこいしょ」と三人と二匹でかぶを抜こうとします。「それでも　かぶは　ぬけません」。ネコはネズミを呼んできて、「うんとこしょ　どっこいしょ」とみんなでかぶを抜こうとします。そして、「やっと、かぶは　ぬけました」となり、話は閉じられます。

ここで大切なのは、おじいさんが最初にかぶを抜こうとしたときには「ところが」だった接続詞が、二回め以降は「それでも」に変わるという点です。つまり、読み手の気持ちに合わせた接続詞を選んできているということです。この作品が長く子どもたちの心を惹きつけてきた背景には、思わず力が入ってしまいそうな「うんとこしょ　どっこいしょ」というかけ声にくわえて、読み手の心理の微妙な変化に配慮した、訳者の接続詞選択があったにちがいありません。
「でも」は「それでも」ほど強い語感はありませんが、その名残はとどめています。とくに、外的状況が変化しても、表現者自身の内面は変わらないというときに使われることが多いのが「でも」の特徴です。次の例では、「いいことばかりでは無い」という外的状況があっても、僕を突き動かす未来への衝動という内面が勝るということを「でも」が示しています。

閉ざされたドアの向こうに　新しい何かが待っていて
きっときっとって　僕を動かしてる
いいことばかりでは無いさ　でも次の扉をノックしたい
もっと大きなはずの自分を探す　終わりなき旅
(Mr.Children『終わりなき旅』)

この歌詞のように「でも」が前向きな意味で用いられることもありますが、外的状況が変化しても、表現者自身の内面は変わらないという「でも」の私的性格は、頑固さや協調性のなさ、言い訳っぽさにつながりかねない面があります。そのため、話し言葉では多用される一方、書き言葉では、ブログのようなくだけた文章をのぞいてあまり使われません。

ただ、「でも」の私的性格は、内面の告白をうまく表現できる面があり、それを活かして書き言葉に使われることもあります。次の文章では、「しかし」の社会的性格と「でも」の私的性格がうまく使い分けられています。

「いいね、男子はあそこに上れて」
わたしは羨《うらや》ましそうに石垣を見ながら呟《つぶや》いた。背の高い木々が周《まわ》りに生《は》えているために石垣の周辺は涼しそうだ。上に上ればさぞかし気持ちがいいだろう。遠くまで見渡せるだろう。しかし、女子は上らせてもらえない。上ろうとすると村の男の子たちが怒りだすのだ。「上らせて」の一言《ひとこと》が上級生の男子には言えないものなのだ。でも、わたしは健くんから聞いて知っている。石垣の上に上るとわたしの家の屋根が見えることを。石が冷たくて気持ちよいことを。そして一か所だけぽっかりと穴が開いていて、子供たちはそこにお菓子の屑《くず》を投げ込んでいることを。その穴がけっこう大きいから下級生に落ちないように言い聞かせていることを。わたしは健くんからすべて聞いて知っている。

（乙一『夏と花火と私の死体』集英社文庫）

「しかし」のかわりに「ただ」という接続詞が用いられることもあります。「ただ」は「ただし」と同様、補足修正的な意味合いを持っています。先行文脈で述べられたことを一応は肯定しつつ、部分的に引っかかるところがあるのでその部分だけ修正させてもらいますよということを表すのに使います。逆接のなかでは比較的穏やかな表現であるため、読み手の存在を意識し、抵抗感なく読んでもらおうとするときに使われやすい接続詞です。

〈何をやっても長続きせず、意欲が湧かないという若者の人生相談にたいして、藤原正彦氏の回答〉情報にあふれ、選択が無限にあるかに見える現代、進むべき道を選ぶのが難しいのはよく分かります。ただ、あなたは、ここまで生きてきた過程で親や社会から大きな恩恵を受けており、その恩返しをしなければいけません。

（『読売新聞』一九九九年四月二八日朝刊）

このように、「しかし」のかわりに使える逆接の接続詞には、「だが」「でも」「それでも」「ただ」があります。そのほかにも、「だが」の話し言葉版である「ですが」「けど」「けれど」「だけど」や、動詞「言う」を含む「とはいえ」「とはいうものの」「そうはいうものの」

など、逆接の接続詞は多様性に富んでいます。ここでは、こうした逆接の接続詞を「しかし」系として一括しておくことにします。これらは、「しかし」の単調さを防ぐ豊富なラインナップといえるでしょう。

「ところが」系——強い意外感をもたらす

逆接の接続詞は一般に、予想に反する内容を後続文脈に導くため、読み手にある種の意外感を与えるものです。なかでも、後続文脈に強い意外感をもたらす一群の接続詞があります。「ところが」「にもかかわらず」「それなのに」がその代表例で、話し言葉でしばしば用いられる「なのに」「そのくせ」などもこのグループに含まれます。「ところが」系とでも呼べるこれらの接続詞は、書き手の表現力を知るバロメーターと見なすことができ、これらがうまく使われている文章には奥行きと広がりが生まれます。

「ところが」は想定外の展開を表す逆接に使う接続詞です。読んでいて、「信じられない！」「まさか！」「ありえない！」とツッコミを入れたくなるような展開に「ところが」は出現します。

「ところが」が表現力のバロメーターとして使える理由は、読み手の立場に立ってはじめて意識的に使えるようになる接続詞だからです。想定外かどうかというのは、読み手の理解に配慮することで見えてきます。

次の例では、「信じられない！」「まさか！」「ありえない！」と読み手がツッコミを入れたくなるであろう展開を先取りして「ところが」が使われています。一般の市民の感覚からすると、「おかしい！」「問題だよ！」と声を上げたくなる気持ちを「ところが」が代弁しています。明治期の役人の勤務態度と、それにたいする庶民感情がかいま見られます。

役人は人民の召使である。用事を弁じさせる為めに、ある権限を委託した代理人の様なものだ。ところが委任された権力を笠《かさ》に着て毎日事務を処理していると、これは自分が所有している権力で、人民などはこれに就《つい》て何等の喙《くちばし》を容《い》るる理由がないものだなどと狂ってくる。

(夏目漱石『吾輩は猫である』新潮文庫)

「にもかかわらず」は、硬い文章でよく使われる接続詞です。先行文脈から考えて、そうなるのが当然の理である。しかし、現実はそうはならないという流れを表します。そのことをとおして、現実の不当さを暗に示すことができる高度な接続詞です。そのため、この「にもかかわらず」を意識的に選択できる人は、「自分の意見を的確に述べられる人なのだ」という印象を読み手に与えることができます。

二〇世紀最後の「失われた一〇年」間があっても、いぜんとして日本は世界有数の裕福な国であることに違いはない。にもかかわらず、景気が悪いと文句を言いながら、バーゲンには黒山のように人だかりができ、食べ過ぎてはダイエットに金を使い、過剰包装してはごみの山に困っている。その物質的豊かさの中で、毎日一〇〇人近い人が自殺している。

（『毎日新聞』二〇〇一年一月三日朝刊）

「それなのに」は、「にもかかわらず」よりもやや軟らかい、情緒的な文章で使われる接続詞です。後続文脈に、書き手にとって受けいれがたい内容が来るという点で共通しています。「にもかかわらず」は論理的な受けいれがたさ、「それなのに」は感情的な受けいれがたさです。そのため、「にもかかわらず」は現実にたいする不当さや不合理さ、意外さなどを暗示するのにたいし、「それなのに」は、書き手の不満や憤り、不思議さなどを伝えるのに適しています。

次例では、工場で従業員が働きはじめる時間に兄などが寝ているという、後続文脈で示さる事態にたいする父の感情的な受けいれがたさを「それなのに」が導き、結果として憤りの感情が読者に伝わるようになっています。

道をへだてて家の前に、ふとん綿製造の工場があって、朝七時になると工場は始業し、機械のモーターの回転するひびきが家につたわってくる。その時刻に兄などが寝ていると、父はふとんを荒々しくはぎ、血相を変えて怒声をあげる。
お前たちが三度の食事を口にでき、学校へ行けるのはだれのおかげだ。早朝に起き、工場へ来て働いてくれている工場の人たちのおかげと思わぬのか。それなのに寝ていたりして……。

(吉村昭「結婚披露宴」日本エッセイスト・クラブ編『母のキャラメル　'01年版ベスト・エッセイ集』文藝春秋)

このように、「ところが」系の接続詞は、後続文脈に、意外感を初めとする書き手のさまざまな思いを色濃く投影できるもので、書き手の意図を的確に伝える働きがあります。これらは、読み手の理解のあり方に心を配ることで適切な使い方ができる形式です。書き手の表現力を知るバロメータと見なすことができるゆえんです。

「しかし」は逆接の接続詞の万能選手であり、逆接なら何でも使える便利な形式です。ですが、これまで見てきたとおり、「しかし」系にも「ところが」系にも、「しかし」以外に多様なニュアンスを伝える逆接の接続詞が豊富に揃っているのです。それなのに、「しかし」一辺倒で押しまくり、文章を平板にしてしまっているとしたら、あまりに惜しい気がします。「しかし」が筆癖になっている人は、他の逆接の接続詞で表現できるよう、ぜひ意識的にトレーニングしてみてください。

第四章　整理の接続詞

「整理の接続詞」というのは、ある話題について同じレベルにある事柄を対等に並べて示す接続詞です。箇条書き形式を、流れのある文章のなかに実現するために発達した接続詞で、頭のなかにある複雑な物事を整理して書くのに適しています。

「整理の接続詞」は、共通点・類似点のある事柄を並べる「並列の接続詞」、相違点・対立点のある事柄を並べる「対比の接続詞」、共通点・類似点のある事柄に順序をつけて並べる「列挙の接続詞」の三つに分かれます。

並列の接続詞

「そして」「それから」に代表される並列の接続詞は、接続詞の基本といえます。複数の事態をつなげて長いものにしていくという接続詞の基本的役割が、この「そして」「それから」に備わっていると考えられるからです。事実、「そして」「それから」は「それで」「そしたら」と並んで、最初に習得される接続詞ですし（『幼児言語の発達』）、低学年の子どもの作文にも多く使用されます。

ただ、気をつけなければならないのは、基本的な接続詞であるだけに、過剰に使用してしまいやすい傾向があるということです。ここでは、そうした過剰使用にも目配りをしながら見ていきたいと思います。

「そして」系——便利な接続詞の代表格

「そして」系の接続詞は、専門的には「添加の接続詞」とも呼ばれます。話をあとからどんどん足していくことができるからです。便利ではあるのですが、安易に使われやすいのもその添加の性格によります。その場で話をつむぐ話し言葉ならまだしもなのですが、あらかじめ計画を立てて推敲しながら書ける書き言葉で濫発すると、あとからあとから話が出てきて読みにくい文章になりますし、書き手はきちんと準備をして書いているのだろうかという疑念を読み手に抱かれかねません。もしいくつも並列するのであれば、のちほど紹介する「まず」「第一に」などの列挙の接続詞を使うことをお勧めします。

添加の接続詞をここでは三つ挙げておきます。「そして」「それから」「また」です。

まず、「そして」ですが、「そして」は単なる「&」ではありません。かなり特殊なニュアンスを持った接続詞です。むしろ、「それから」のほうが「&」に近いと思われます。そのことを次の例で確かめてみましょう。

・手続きのさいには、申込書、そして旅行の代金、そしてパスポートを持ってきてください。
・手続きのさいには、申込書、それから旅行の代金、それからパスポートを持ってきてください。

どちらの文がより自然だと感じられましたか。おそらく、「それから」のほうでしょう。「そして」は二回以上繰り返すとどこかおかしい感じがします。とくに、先に出てきた「そして」に無理があるように感じられ、事実、それを取ると、落ち着きがよくなります。

手続きのさいには、申込書、旅行の代金、そしてパスポートを持ってきてください。

「そして」には最後に一つ、大切な情報をつけ加える働きがあるのです。ですから、最後の情報、ここでは「パスポート」に自然に注目がいくことになりますし、「そして」を濫発すると、読み手が混乱することにつながります。終わりだと思っていた情報がまだ続いていくことになるからです。

では、「そして」はなぜ最後に大切な情報をつけ加える働きを持つのでしょうか。それは、「そして」がもともと帰着点を表す「そうして」に由来するからです。「そうして」、つまり、そのようにしてそこに至ったという帰着点としての意味から、そうした「そして」のニュアンスが生まれてきたと考えられます。

次の例は、芥川龍之介『羅生門』（新潮文庫）の結末部で、「下人の行方《ゆくえ》は、誰も知らない。」という有名なエンディングの文に至る直前の部分です。

荒れはてた京の都で、飢えに苦しむ下人は、老婆から着物を力ずくで剝ぎとり、蹴りたおして逃げさります。しかし、老婆は残された力をふりしぼって下人の行方を確かめようとします。その老婆の執念に満ちた一連の行動が、確かめるという行動に帰着する様子を、「そうして」という接続詞が的確に示しています。

暫《しばらく》、死んだように倒れていた老婆が、屍骸の中から、その裸の体を起したのは、それから間もなくの事である。老婆は、つぶやくような、うめくような声を立てながら、まだ燃えている火の光をたよりに、梯子の口まで、這って行った。そうして、そこから、短い白髪《しらが》を倒《さかさま》にして、門の下を覗きこんだ。外には、唯、黒洞々《こくとうとう》たる夜があるばかりである。

「そして」は、「そうして」に由来することからもわかるように、無時間的な並列だけでなく、時間性のある一連の事態の帰着点にも用いられます。

> 僕の顔を見ると彼女は何も言わずにテーブルを立って、コーヒー・ポットをストーヴの上に置いた。コーヒーがあたたまるまでのあいだ僕は奥の流しで手を洗い、タオルで拭《ふ》いた。そしてストーヴの前に座って体をあたためた。
>
> （村上春樹『世界の終りとハードボイルド・ワンダーランド』新潮文庫）

「それから」は、すでに見たように「そして」よりも並列関係を自由に表せます。「そして」と異なり、「それから」は何度も重ねて使うこともできますし、並列されたものが情報の面で軽重が生じるといったことはありません。

「それから」は、ボールの入っている袋に手を入れて、ボールを一つずつ取りだしているイメージでとらえると、わかりやすいでしょう。「赤いボール、それから青いボール、それから黄色いボール……」というイメージです。

「それから」にも無時間的な用法と時間性のある用法があります。次の「足裏文化考察」が無時間的な用法、『こころ』が時間性のある用法です。「足裏文化考察」では段落を超えて「それから」が使われている点に、『こころ』では「それから」「そうして」とつながる展開に注目して読んでみてください。

電車や飛行機で、他人の足の裏と闘ってきた私であるが、たとえばそれが、桟敷上の花見の席だったりしたら、きっとなんとも思わない。事実、ぎゅうぎゅう詰めの花見会場で、見ず知らずの人に取り囲まれて酒を飲んだことがあるが、他人の足の裏が私の膝にのっていようが背中に押し当てられていようが、どうってことはない。

それから相撲の枡席。私が相撲を見にいったのは一度きりだが、そのとき、区切られた席のあまりのちいささに驚いた。ちいさな枡のなかに四人でおさまり、しかも隣の席とはぴったりくっついている。けれど、隣席のおやじの足の裏が伸びてきたってやっぱりなんとも思わない。

（角田光代「足裏文化考察」日本エッセイスト・クラブ編

（『人生の落第坊主 '04年版ベスト・エッセイ集』文藝春秋）

私は式が済むとすぐ帰って裸体《はだか》になった。下宿の二階の窓をあけて、遠眼鏡《とおめがね》のようにぐるぐる巻いた卒業証書の穴から、見えるだけの世の中を見渡した。それからその卒業証書を机の上に放り出した。そうして大の字なりになって、室《へや》の真中《まんなか》に寐《ね》そべった。

（夏目漱石『こころ』新潮文庫）

「それから」は、「そして」のような意味上の制約がないので、「そして」よりも多く使われそうなものなのですが、実際には「そして」ほど多くは使われないのが普通です。それは、①汎ジャンル性を持つ「そして」と違い、「それから」は話し言葉で使われやすいというジャンル的な偏りがあること、②逆接などとは違い、並列は接続詞がなくても違和感なく理解できる場合が多く、接続詞使用の必然性が乏しいこと、③日本語では、助詞「も」が発達しており、「それから」を使わなくても並列が表せること、などがあるためだと思われます。

もし「それから」を使う積極的動機があるとすれば、「足裏文化考察」の「それから」のように、段落どうしの並列がわかりやすいように示すとか、『こころ』の「それから」のように時間的な経過を明確に表したいといったときに限られます。

硬いジャンルの文章になると、「それから」の頻度はさらに低くなります。それは、硬い文体の並列に使われる「また」が「それから」に取って代わるからです。

「また」は、新聞のなかでは「しかし」のつぎによく使われている高頻度の接続詞です。新聞において、文どうし、段落どうしを結びつける「&」は「また」が担っていると考えてよいでしょう。「また」は「それから」と同様、並列を表すのに用いられます。「そして」とは異なり、使用上の制約も少ないので、その意味でも便利です。しかし、安易な使用に結びつきやすいので注意が必要です。

次の文章は、「結婚式：上海に日本スタイルを〝輸出〟業者、『成長市場』狙う」と題された新聞記事です。

昨年一一月に進出したワタベウェディングは、拡大している富裕層を狙う。五つ星の最高級ホテル「オークラガーデンホテル上海」を会場に、庭園を利用した「ガーデンウエディング」もできる。思い出のアルバム撮影に、二人のゴールインまでを再現するロケまで行うというサービスで特色を出した。

――また、結婚式などのコンサルタントを行っているモック（東京都中央区）は、三井物産と組み、日本でも人気が高まっているレストランウエディングを今秋から提案する計画だ。レストランを借り切り、新郎新婦のイメージ通りの披露宴を演出することが可能で「結婚式のトータルコーディネート」（モック）を進めるという。数年後には上海で行われる挙式の約一割にあたる年間一万組の取り込みを狙っている。

（『毎日新聞』二〇〇五年八月三日朝刊）

この例では、「足裏文化考察」で見た「それから」と同様、段落を超えた話題を結びつけるのに、接続詞「また」が使われています。こうした「また」は過剰感もなく、読み手の情報の整理に役立つものです。

新聞で「また」が多く使われるのには二つの理由が考えられます。一つめの理由は、速報性が問われる新聞では、限られた時間で情報を処理して記事にまとめなければならない都合上、「また」で情報を追加していくのが手軽で便利だからでしょう。二つめの理由は、新聞の場合、印刷の直前に最新のニュースが入ってきても対応できるように紙面にゆとりを持たせておく必要があり、結局、そのスペースが埋まらなかった場合、「また」によって追加情報を示し、分量を調整しているからではないかと推察されます。

それは、新聞というメディアが速報性と紙面のサイズという二つの制約を持っているために発達した手法でしょうが、もし時間をかけて文章を書けるのであれば、「また」を減らす工夫をするのが望ましいでしょう。「また」の多用は、読み手にとって読みづらいだけでなく、文章構成が充分には練れていないことを、読者に暗に伝えてしまうおそれがあるからです。

「それに」系——ダメを押す

「そして」系の接続詞は「添加の接続詞」と呼ばれるのにたいし、ここで紹介する「それに」系の接続詞は「累加の接続詞」と呼ばれます。累加というのは、「それだけでなく、まだ他にもある」という、すでに示したものに重ねて示す感じの強いものです。「それに」「それにくわえて」「そればかりか」「そのうえ」「しかも」「ひいては」などがあります。

累加の接続詞は、添加の接続詞と違い、繰り返し使うことができません。ですから、頻度も低く、過剰使用の心配もありません。「それだけでなく、まだ他にもある」という感じから、ダメを押すときに使われやすいのが特徴です。

次の例は、僧侶のふりをしてビルマ人の村落に入った主人公・水島が、村落の人々にあまりに厚遇されて、僧侶でないことがばれることをおそれている場面です。「それに」のダメを押す感じがよく出ています。

> ただ、この仏教国にはいろいろな苦行をする坊さんがいます。〔中略〕私は大ていは苦行中ということにして、黙ってとう《（ママ）》しました。それに、ビルマ人は他人のことを気にかけてめんどうな詮索をしたりはしませんから、にせのビルマ僧はどこに行ってもあやしまれずにすみました。
> （竹山道雄『ビルマの竪琴』新潮文庫）

累加の接続詞のなかで難しいのは、「しかも」でしょうか。私の娘が三歳になったばかりのころ、一度だけ「しかも」を使ったことがあり、周囲の誰もが驚きました。けれども、その後は定着した様子はないので、ただの偶然だったのでしょう。三歳児には似つかわしくない接続詞です。

「しかも」は、「それに」とは異なり、似たような別の事柄に言及するのではなく、同じ対象に別の側面からさらに深く突っこんで、たたみかけるといったニュアンスを持っています。先行文脈・後続文脈とも書き手が意外だと思っている内容が来る傾向があります。

次の例では、合唱にあわせて美しい音が響いてくるだけでも驚きなのに、それが水島のかきならす竪琴の音色にそっくりだという二重の驚きが「しかも」によって巧みに表現されています。


しばらくうたっていると、ふと、われわれの合唱にあわせて、うつくしい音がひびいてきました。

その音はどこから発しているのか分りません。あたりの高い木の梢から降ってくるようでもあり、また地の底から湧いてくるようでもありました。

しかも、それが竪琴の音なのです。あのわれわれがなつかしがっている人のかきならす竪琴と、そっくりな音なのです！

（『ビルマの竪琴』）

「かつ」系――厳めしい顔つきで論理づけ

並列の接続詞の三つめは「かつ」系の接続詞です。「かつ」「および」「ならびに」があります。「かつ」系の接続詞は、論理を重視した厳めしい感じのするもので、法律の条文や論文など、論理を明確にしたい文章に使われます。古い条文では、「且つ」「及び」「並びに」

という漢字表記が好まれます。次の例はいずれも日本国憲法の条文です。

第三十三条　何人も、現行犯として逮捕される場合を除いては、権限を有する司法官憲が発し、且つ理由となつてゐる犯罪を明示する令状によらなければ、逮捕されない。

第二十二条　何人も、公共の福祉に反しない限り、居住、移転及び職業選択の自由を有する。

第七十二条　内閣総理大臣は、内閣を代表して議案を国会に提出し、一般国務及び外交関係について国会に報告し、並びに行政各部を指揮監督する。

「かつ」は、「AかつB」で、AもBも両方同時に満たすことを意味します。論理学や数学でもよく用いられます。

「および」は「AおよびB」で、AもBも両方満たすということには変わりありませんが、同時に満たすといった強い制約はありません。比較的短い要素をいくつも並列するときに使われます。

「ならびに」は「AならびにB」で、「および」と同じ意味を表します。ただ、比較的長い要素を結ぶという点で「および」とは異なります。「および」と「ならびに」が同時に使われる場合、「ならびに」のほうが大きい接続を表します。次に挙げる日本国憲法第七条の「天皇の国事行為」の五がその例です。

国務大臣及び法律の定めるその他の官吏の任免並びに全権委任状及び大使及び公使の信任状を認証すること。

一般の人が法律家と同じような精密さでこうした接続詞を使い分けることはできませんし、その必要もありませんが、勤務先でも地域のコミュニティでも、規則や規定に類するものを作らされる機会は案外多いものです。そのとき、接続詞の簡単な心得を身につけているかどうかだけでも、文書の精度が違ってくると思います。

対比の接続詞

並列の接続詞と対比の接続詞はセットになっています。論理学的にいえば、「かつ」と

「または」は厳密に区別されているわけです。しかし、日常言語での接続詞の使い方は論理学のものとは微妙に違います。ここでは対比を「一方」系の接続詞と「または」系の接続詞とに分けて、見ていくことにします。

「一方」系——二つの物事の相違点に注目

「一方」系の接続詞は対立を表します。「一方」「他方」「それにたいして」「反対に」「反面」「ぎゃくに」がこのグループに含まれます。

「一方」は、硬い文章のなかではその出現頻度がかなり高いものです。新聞のなかでの出現頻度は、第三位の「だが」にほぼ匹敵します。第二位の並列の「また」とともに使い勝手のよい接続詞であると推察されます。

なぜ、「一方」がよく使われるかというと、「それにたいして」や「反対に」などより、前後の関係を制約する程度が低いからです。「反対に」「反面」「ぎゃくに」などは制約がもっとも厳しく、先行文脈と後続文脈の内容が文字通り反対でなければなりません。「それにたいして」は、「反対に」などほどは厳しくありませんが、少なくとも対《つい》になっている必要があります。ところが、「一方」は対になっている必要すらなく、前後が何らかの点で違っていればよいのです。「一方」はある事象の二つの異なる面を見せるという働きがあります。二つの物事を並べて見る場合、原理的には、共通点を見るか、相違点を見るかのいずれかしかありません。共通点を見せたいときは「また」、相違点を見せたいときは「一方」を使えばよいわけで、硬い文章を書くときにはとても便利です。しかし、「また」のところでも見たように、便利なものほど安易な使用に結びつきがちです。

次の例では、段落を超えた話題の相違点に注目させるのに、接続詞「一方」が使われています。こうした大きい話題を結びつける「一方」であれば、過剰感もなく、読み手の情報整理に役立つ可能性が高いと思います。

六日の本紙夕刊（東京本社発行）に、未就学児が母親と過ごす時間が五年前より増えている旨の記事が載っていました。「子供は三歳まで親に『かわいい』という感情を教えてくれる。親は、その思い出で子が後にどんなに不良になっても見捨てることはない」と聞いたことがあるので、おかあさんと一緒の時間が多くなるのは、双方にとてもいいことと、感じました。

一方、父親との時間は減少傾向にあるとのこと、残念です。女親は、ごっこ遊びや読み聞かせ、折り紙なら得意ですが、男親のように外遊びやゲームをするのは苦手の人が多い。うちの場合、父親が仕事が大変で、土、日も遊んでくれない日が続くと、子供は全く父親の存在を忘れたようになります。しかし、休日に父親がいると、朝から「パパ、今日はどこの公園まで行く？　何のゲームしてくれる？」と家が明るくなります。

母親があまり得意でないアクティブな遊びで、「お父さんも一緒」の日が増えてほしいです。

（『毎日新聞』二〇〇五年一〇月一六日朝刊）

「一方」を大きな結びつきを表示するのに使った場合、より小さい結びつきは、「それにたいして」を使うと区別が明確になるのでお勧めです。

荷風は明治末にフランスに留学したが、この時、実はパリにはわずか二ケ月。それに対してリヨンには八ケ月いた。それなのに、これまでリヨン時代の荷風については、武田勝彦氏の『荷風の青春』（三笠書房、七三年）があるくらいで、語られることが少ない。

（『毎日新聞』二〇〇五年三月一三日朝刊）

「または」系――複数の選択肢を示す

「または」系の接続詞は選択を表します。「または」「もしくは」「ないし（は）」「あるいは」「それとも」などがこのグループに入ります。

「または」「もしくは」「ないし」は二つのなかからの選択を表します。たとえば、「Aまたは B」では、AかB、いずれか一方を選ぶことになります。

高校野球は教育の一環という。では子どもたちは、アマチュアスポーツで最大の人気を誇る「部活動」を通して何を学ぶのか。または学んだのか。

（『毎日新聞』二〇〇五年一〇月二四日朝刊）

この例の「または」を「また」に置き換えてみると違いがよくわかります。「または」だと、「学ぶ」のと「学んだ」のはいずれかの選択になりますから、「学ぶ」のは現役の高校野球部の生徒であるのにたいし、「学んだ」のはすでに引退した高校球児である可能性が高そうです。一方、「また」だと、「学ぶ」のと「学んだ」のは両立しているわけですから、両者は同一人物の可能性が高く、現役の高校野球部の生徒がすでに何かを学び、これからさらに学ぶような印象を受けます。両立を表す「また」は、助詞「は」がつくだけで、「または」という選択に変わるのです。

「または」「もしくは」「ないし」は「又は」「若しくは」「乃至」と表記され、法律の条文などにしばしば現れます。「または」と「もしくは」の関係は、「ならびに」と「および」の関係と同じです。「または」が大きな接続、「もしくは」は小さな接続を表します。次の日本国憲法の条文で確認してください。

第八十九条　公金その他の公の財産は、宗教上の組織若しくは団体の使用、便益若しくは維持のため、又は公の支配に属しない慈善、教育若しくは博愛の事業に対し、これを支出し、又はその利用に供してはならない。

「ないし」は「または」「もしくは」に準じて考えることができますが、法律用語の場合は「AないしB」は「AからBまで」の意味です。「一月乃至三月」は「一月から三月まで」で二月も含み、「第五条乃至第七条」は「第五条から第七条まで」で第六条も含みます。

「あるいは」は二つ以上のなかからの選択を表します。「または」「もしくは」「ないし」は完全な二者択一ですが、「あるいは」の場合は、三者以上からなるグループのなかから二つ選んできて、それを示しているケースが多いようです。

次の例は、「A、B、あるいはC」という構造になっています。「あるいは」を「または」「もしくは」「ないし」で置き換えると、どこか落ち着きが悪い感じがします。「または」「もしくは」「ないし」は二者択一が原則だからです。

〔公園でケガをしてしまった子どもの応急手当てをしても、子どもも親もお礼を言いに来ないことを嘆いて〕昔日の親たちは、こんな場合例外なく礼を言いに走ったものだ。子どもが家に帰っても何も言わないのか、親も気づかずにいるのか、あるいは告げられてもそれでしまいなのか。

（『毎日新聞』二〇〇五年一月二三日朝刊）

「あるいは」は、三者以上からなるグループのなかからいくつかを選んで並列させることがあるため、表現されたもの以外にも並列の候補があることを含意する場合があります。そのため、論理的な厳密性で「または」「もしくは」「ないし」に劣り、法令文ではあまり使われません。

なお、「それとも」は話し言葉的で基本的に疑問文に使われます。ですから、先ほどの「あるいは」の例は「それとも」で置き換えることが可能です。

列挙の接続詞

列挙の接続詞は、並列の接続詞に番号をつけて示すようなものです。そして、その番号のつけ方には三通りあります。「第一に」「第二に」「第三に」というタイプ、「最初に／はじめに」「つづいて／ついで」「その後」というタイプ、「まず」「つぎに」「さらに」というタイプです。これらを順に、「第一に」系の接続詞、「最初に」系の接続詞、「まず」系の接続詞として区別しておきましょう。

この三つのタイプの接続詞について説明を始めるまえに、二点確認しておきたいことがあります。

一点めは、これらは典型的な接続詞とはやや異なる位置にあるということです。これらは厳密にいうと序列副詞と呼ばれます。接続詞「それから」と序列副詞「まず」「つぎに」を比べてみましょう。

・雷が鳴った。それから、激しい雨が降ってきた。
・まず、雷が鳴った。つぎに、激しい雨が降ってきた。

ご覧のとおり、接続詞「それから」は先行文脈を受けて、後続文脈に展開しています。しかし、序列副詞「まず」「つぎに」はどうでしょうか。先行文脈を受けて、後続文脈に展開しているというより、文に番号をつけている感じがしませんか。「①雷が鳴った。②激しい雨が降ってきた。」の①が「まず」で、②が「つぎに」のような感じなのです。

本書は、接続詞はできるだけ広く採る方針なので、序列副詞も列挙の接続詞と考えておきますが、やや異質な接続詞であるということは押さえておいてください。

それからもう一点、列挙の接続詞を使う場合には、それを統括する一文が列挙のまえにないと、文章が非常に読みにくくなるということがあります。次の文章は、諫早湾の干拓事業と有明ノリの被害について述べた文章ですが、読みにくく感じられます。

第一に、漁業者の直感を無視しないことである。〔中略〕
第二に、農水省は昨年の水産白書を再読すべきだ。〔中略〕

第三に、今回は政府・与党の政治家が条件付きながら「水門開放」に積極的な発言をしていることだ。〔中略〕
最後に、干拓事業自体の見直しを指摘しておく。

（『毎日新聞』二〇〇一年二月三日朝刊）

じつは、読みにくいのは、「今後の調査・対応を含めて留意すべき点を指摘しておきたい。」という冒頭の一文を外して示したためです。同じレベルにある似たようなものを並列する列挙には、その列挙を統括する上位レベルの概念が必要です。その上位概念を文としてあらかじめ示すと、その後の文章展開の見通しがよくなり、読み手の理解は円滑に進みます。列挙をまとめる表現を予告文としてあらかじめ示すというのが、列挙のさいの大切な心得です。

「第一に」系——文章のなかの箇条書き

「第一に」系の接続詞は、「第一に」「第二に」「第三に」のように、接続詞のなかに数字が入るものです。「一つめに」「二つめに」「三つめに」も同様です。これらは、列挙される項目に時間的順序性がないものにしか使えないという特徴があります。添加の接続詞として紹介した「また」も同じ特徴を持っています。

「第一に」系の接続詞の場合、出現順に番号がついていますが、その出現順序を入れ替えても文意に矛盾が生じることはありません。たとえば、次に紹介する文章において、「第一に」の「知的財産を尊重する法制度がある」と、「第四に」の「税制度がシンプルで税率も低い」を入れ替えても問題は起きません。情報の重要性という意味では、最初のものか、最後のものが相対的に重要なことが多いので、順序を変えることで多少その影響を受けるでしょうが、内容が論理的に支障をきたすことはありません。これが「第一に」系の接続詞の特徴です。


香港は、文化・コンテンツ産業を発展させる上で五つの優位性を保持している。第一に、知的財産を尊重する法制度がある。第二に、政府が市場に介入しない。第三に、市場が開放されている。第四に、税制度がシンプルで税率も低い。最後に情報や資金、モノの流れの自由が保障された社会であり、これが最も重要なことだと考えている。

（『毎日新聞』二〇〇五年一〇月二九日朝刊）

「最初に」系――順序を重視した列挙

「最初に／はじめに」「つづいて／ついで」「その後」のような「最初に」系の接続詞は、「第一に」系の接続詞と反対です。列挙される項目に時間的順序性（ランキングのような「順位」のこともあります）があるものにしか使えないという特徴があります。次の例で、「最初に」「続いて」「その後」に「第一に」「第二に」「第三に」が入らないことを確認してください。

最初に被害が発見されたのは、二四日午後五時四五分過ぎ。科技庁のホームページが「日本人は負け犬だ」などと英文に書き換えられたうえ、米国のアダルトページへのリンクが設定されていた。続いて、二五日午前に総務庁のホームページが中国語と英語で「日本政府の南京大虐殺に対する姿勢を非難する」などと書き換えられ、その後、他省庁へ同様の被害が拡大した。

（『毎日新聞』二〇〇〇年一月三〇日朝刊）

「まず」系――列挙のオールマイティ

「まず」「つぎに」「さらに」のような「まず」系の接続詞は、「第一に」系の接続詞と「最初に」系の接続詞の両方の特徴を兼ね備えています。時間的順序性のあるもの、ないもの、両方に使うことができ、列挙のなかでもっとも汎用性が広くなっているのです。添加の接続詞として紹介した「それから」「そして」や、「第一に」系の接続詞の例文中にあった「最後に」も同じ特徴を備えています。

時間的順序性の有無を問わないため、次の例のように、「第一に」「つぎに」「第三に」といった組み合わせや、「まず」「つづいて」「その後」といった組み合わせも可能です。読み手としては、「第一」で始まったら「第二」「第三」で、「最初に」で始まったら「つづいて／ついで」「その後」と、同じ系列が続いたほうが読みやすいのですが、同じパターンを繰り返すとどうしても単調になってしまうので、「まず」系の接続詞と混ぜることがしばしばおこなわれます。

日本と中国の関係悪化はこれから頂点に達しよう。その背景として第一に、両国はアジアのリーダーとして競い合わざるを得ないことがある。特にエネルギー分野で利害衝突が起きる。舞台はロシア、中東、東シナ海などだ。次に、中国の反日感情がある。これを軽視してはいけない。第三が靖国神社参拝問題だ。小泉純一郎首相の強気の発言は結局、中国当局に日本へ圧力を加える格好の材料を与えている。

（『毎日新聞』二〇〇五年六月五日朝刊）

まず、教職員と児童全員で黙とうし、児童会代表の女児二人が「運動会でも元気だったね」と、楓ちゃんとのお別れの言葉を述べた。続いて、奈良公園に遠足に行った時の思い出をつづった、楓ちゃんの作文を担任の教諭が読み上げた。その後、楓ちゃんがいた一年二組を代表し、男女の児童がお別れの言葉を述べた。

（『毎日新聞』二〇〇四年一一月二二日夕刊）

大切なことは、「第一に」系の接続詞と「最初に」系の接続詞を混ぜないことです。これを混ぜてしまうと、読み手の理解は確実に混乱をきたします。

第五章　理解の接続詞

「理解の接続詞」というのは、先行文脈では理解しきれない内容を、後続文脈で読み手にわかりやすく示すことを予告する接続詞です。自分が書いた文章を読み手がどう理解するかを意識して、読み手の理解に歩みよろうとするときに出現する傾向があります。

「理解の接続詞」は、先行表現をわかりやすく端的に言い換えることを予告する「換言の接続詞」、先行文脈が具体的に理解できるような例を示すことを予告する「例示の接続詞」、先行文脈で欠けていた理由や条件などを補うことを予告する「補足の接続詞」の三つに分かれます。

換言の接続詞

読み手に文章を理解してもらう場合、今表現しているこの言葉で伝わるかな、と不安になることがあります。もしもっと伝わりやすい言葉が見つかれば、今表現している言葉を捨てて、そちらに乗り換えてもよいのですが、今表現している言葉も捨てがたいことがあります。また、話を進めていくうえで、難しいけれども基本となる概念を含んでいて、出さないわけにはいかないこともあります。

そのときに有効なのは、今表現している言葉と、もっと伝わりやすいと思われる言葉を両方示して、その二つを換言の接続詞で結ぶという方法です。書き手は文章を書く過程で推敲をおこない、一般的にはもっとも適切な言葉のみを残すわけですが、推敲の過程をあえて言葉として残したほうが、かえって読み手にわかりやすくなる場合があるのです。

換言の接続詞には、「つまり」系の接続詞と「むしろ」系の接続詞があります。「つまり」系の接続詞は、言い換えという作業を正面からおこなう接続詞であるのにたいし、「むしろ」は、先行表現を一旦否定しておいて別のよりよい見方を示す、いわば側面から言い換えをおこなう接続詞です。以下では、この二つのタイプの接続詞を見ていくことにします。

「つまり」系——端的な言い換えで切れ味を出す

「つまり」系の接続詞は、先行文脈の内容を保ちながら、表現やものの見方を後続文脈で変えることを予告する置換の接続詞です。「すなわち」「つまり」「ようするに」「いいかえると」「換言すると」「いわば」「いってみれば」などがあります。「いいかえると」「換言すると」は文字どおり言い換えることを予告する表現であり、「いわば」「いってみれば」は「たとえていえば」ということで、比喩的・象徴的な表現に言い換える表現です。この二つはさほど難しいことはないと思いますので、ここでは「すなわち」「つまり」「ようするに」の三つを取りあげて、その異同を検討します。

「すなわち」は、先行文脈と後続文脈の対称性がもっとも保たれている接続詞です。「Aすなわ ちB」を考えた場合、AとBは意味のうえでも形態のうえでも似かよっている必要があります。「すなわち」は言い換えるときに書き手の主観や解釈がもっとも入りにくい接続詞です。その意味で、論理記号の「＝」に近く、硬めの文章で使われる傾向があります。

公的小児病院看護師長のアンケートでも、六歳では適切な説明があれば治療内容が理解でき、八〇％が小学生になれば治療行為の同意を本人から得るべきだと回答した。すなわち小児へのインフォームド・アセント（説明し同意を得る）の必要性を示唆した。

（『毎日新聞』二〇〇三年九月二一日朝刊）

「つまり」は、先行文脈の内容をわかりやすく言い換えることを予告する接続詞です。「つまり」は「詰まり」に由来しますから、「AつまりB」において、AよりBのほうが短いことが普通です。しかし、「つまり」の場合、わかりやすさが優先しますので、わかりやすくなっていれば、かならずしもBのほうが短くなくても使われます。

「今度の行革は、カレーライスがライスカレーになったようなもの。つまり、一府一二省庁となったけれど、言葉だけの置き換えというか省庁の数合わせに終わっており、変わったように見えながら、実際には何も変わっていない」

（『毎日新聞』一九九八年五月一九日朝刊）

「つまり」は、内容の同一性はできるだけ保とうとはするものの、内容や表現を読み手にわかりやすくなるように咀嚼《そしやく》するものですから、「すなわち」よりも言い換えに書き手の主観や解釈が入るのが普通です。読み手の理解に寄り添うようにわかりやすく表現することは、どのような状況においても大切なことですので、話し言葉、書き言葉、小説、新聞、論文などのジャンルを問わず、平均的によく出てくる接続詞です。

もちろん、過度の使用は逆効果です。読み手のがわからすると、書き手の解釈を押しつけられている印象や、読み手の理解レベルを低く見られているような印象を受けるおそれがあるからです。作家の清水義範氏は『大人のための文章教室』（講談社現代新書）のなかで、その点について、学者に警告を発しています。

学者が、素人向けの解説文を書くと、「つまり」のオン・パレードになりがちだ。その気持ちはとてもよくわかる。

この説明ではよくわからないかもしれないな、別の説明もしてあげよう、こっちのほうがよくわかるだろうから。と、思うからつい、話を「つまり」でつないで、もっと易しい説明をするのだ。

そのせいで、学術的なことの入門書は、「つまり」だらけになってしまうのだ。

そして読者は、学者の書いた文章は「つまり」が多くて、そこがわかりにくいんだよなあ、と思っているのだ。

学者にお教えします。あの「つまり」を消してしまっても、文章はきれいにつながって読めますよ。

「ようするに」は、内容の同一性よりも、いかに内容の核心をつかんで端的に言い換えられているかという点に比重のある表現です。「つまり」よりもさらに書き手の主観や解釈が入ります。「ようは」という形式もありますが、これも「ようするに」に準じて考えることができるでしょう。これらの接続詞は、話のポイントや内容の核心をつかんで端的に言い換えられるという点で、便利な表現ではありますし、読み手としても「ようするに」と書かれていると、後続文脈の情報にとくに注意を傾けます。しかし、書き手の解釈が強く反映されることから、やや論理に飛躍が見られる場合があり、論文やレポートなどに使うことはできますが、かなり注意の必要な表現だと考えておいたほうがよいでしょう。

以下はやや長い引用ですが、話のポイントや内容の核心をつかんで端的にまとめる「ようするに」の切れ味の出た優れた用法だと思います。論理の飛躍が少なくなるように先行文脈で充分な足場固めをしているところも参考にしてください。

ドイツの政治家や知識人が公的な場で取る姿勢と、奥深いところで彼らが考えている本音との間にはギャップがある。「ずるい」というよりも長年、欧州の中で生き延びてきたドイツ人の国際政治上の「知恵」のようなものだ。日本では西独を理想化することがずっと続いてきたが、行きすぎた理想化には警告を発する必要もあると思う。

フランスとの和解は近代史の中でも大きな転換点だった。今日の欧州連合（ＥＵ）につながる共同体を通じてしか地位を回復することは出来ないことをドイツ人はいち早く見抜いていた。米国に対する立場を相対的に強くするためには核保有国フランスとの協調が必要だという点も含め、国際的立場の強化を目指す戦略的発想があった。

もともとドイツには「東方への衝動」という言葉があるほど、米国の西部開拓に匹敵する東方への熱望があった。中世にはエルベ川を渡り、ポーランドを過ぎて広く東部にドイツ人が入植した。日本は戦前まで、周辺国にすそ野を広げる帝国的構造を持った歴史を経験していないが、ドイツの場合、中世の神聖ローマ帝国そのものが、すでに帝国的構造を持っていた。

ドイツはＮＡＴＯに加盟しながら、同時にＥＵを発展させてきた。日本人は極端に米国に従属するか完全に離れるかの二者択一的な発想に陥ってしまったが、複数の国際機構が重なる中で国益を守るという国際政治観を持つ必要がある。

ＥＵの東方拡大にドイツが熱心だったのは、国境線の意味を薄め東欧への影響力を高める形で、かつての目的達成を目指したためだ。東欧側は対独従属を恐れながらもドイツと経済的に結びつくことが有利だと見てＥＵに加わっている。

要するに、ドイツ人はしたたかだ。すべてのドイツの政治家や知識人がそうだとは言わないが、日本人が考えているように過去への反省一辺倒の国ではない。

歴史への反省・謝罪は必要だ。しかし、その上で日本の国際的地位を上げていくという戦略を持たなければならない。

（『毎日新聞』二〇〇五年五月七日朝刊）

「むしろ」系――否定することで表現を絞る

「むしろ」系の接続詞には、「むしろ」「かえって」「そうではなく」「いな（否）」「というより」「というか」「かわりに」「そのかわり」などがあります。これらは、先行文脈の内容を否定的に受け継ぎ、後続文脈でその否定的な内容を肯定的な内容で埋めることを予告する代替の接続詞です。

「むしろ」「かえって」は、一見常識的・直感的に当然のように見える内容を否定し、じつは常識的・直感的におかしく見える事態のほうが相対的に妥当性が高いということを予告する接続詞です。私たちが無意識のうちに寄りかかっている一見常識的・直感的な内容を否定するというあり方は、説得のレトリックとして有力な方法であり、書き手が自分の意見を示すさいに、効果的に用いることが可能です。

ただ、気をつけておかなければならないのは、常識的・直感的に見える内容を否定する以上、そこに明確な根拠を示す必要があるという点です。「むしろ」「かえって」は根拠とセットで示すことで、初めて高い説得力を発揮します。

もうすっかり知れわたっている話だけれど、中国の指導者の大半は、大学の理科系卒業者で占められている。胡錦濤国家主席は水利工程学部で水力発電を学んだし、温家宝首相は地質学を専攻した。

そもそも「トップ九」と呼ばれる共産党の最高指導部、政治局常務委員九人は、そろって理科系出身だ。しかし「だから中国は発展しているのか」という人がいたら、それは思い違いである。

むしろ、発展途上国だから理科系が主流になったとみるべきだろう。第四世代と呼ばれるいまの指導者は、国家建設に燃えていた時代に育ったから、競って理科系に進学した。指導部もまた建設に比重を置いたから、理科系の人材を必死で育てたのである。

(『毎日新聞』二〇〇五年一月二四日朝刊)

「そうではなく」「いな」は、すでに言った内容を否定して、それにかわる修正的な内容を示すときに使われるものです。「じゃなくて」のように話し言葉で相手の言葉を否定するのならともかく、書き言葉の場合、自分がすでに述べた内容をそのまま否定するというのは誠実さに欠けることですので、文章のなかで使われることは少ないようです。

「というより」「というか」は、先行文脈の内容そのものではなく、表現の仕方を問題にするものです。「というより」は先行表現よりふさわしい表現の出現を予告するのに、「というか」は先行表現と異なる別のふさわしい表現の出現を予告するのに、それぞれ使います。最近、話し言葉でよく使われる「ていうか」「てか」などもこのタイプです。「そうではなく」「じゃなくて」より先行文脈の否定の仕方が柔らかいので、話し言葉で好んで使われる傾向があります。ただ、論理を重視するタイプの書き言葉にはあまり向いていない表現です。

「かわりに」「そのかわり」は、「太郎が来なかった。かわりに（そのかわり）次郎が来た。」のように、代わりのもので埋めあわせるときに使います。肯定表現が先に来る「次郎が来た。かわりに（そのかわり）太郎が来なかった。」も可能です。こうして見ていると、「かわりに」「そのかわり」はある種の交換条件を示していると見られ、「僕が料理を作る。かわりに（そのかわり）君が子どもの面倒を見てくれ」のようなパターンもありえます。

例示の接続詞

例示の接続詞は、先行文脈の内容に当てはまる具体的な例の提示を予告する接続詞です。抽象的な内容を抽象的なままで伝えるだけでは、読み手はイメージが湧きません。また、一般論ばかりでは読み手が退屈してしまいます。さらに、具体的な事実の裏づけがない場合、その文章の説得力も問われかねません。

そうすると、抽象的な命題を提示したあとに、読み手のイメージを刺激し、理解を促進するような表現を示すことが大切になってきます。けれども、いきなり抽象度のレベルの違う内容を示されても、読み手は混乱するおそれがあります。そこで、例示の接続詞を文頭に立てて、その予告をするのです。

例示の接続詞は、「たとえば」系の接続詞と「とくに」系の接続詞に分かれます。「たとえば」系の接続詞は現実にありそうな具体的な例を、「とくに」系の接続詞は、その場合にとくによく当てはまりそうな例を、それぞれ予告します。

「たとえば」系――抽象と具体の往還を助ける

「たとえば」系の例示の接続詞には、「たとえば」「具体的には」「実際」「事実」などがあり、実際にありそうな例を具体的に示すところに特徴があります。

「たとえば」は、ジャンルを問わず、安定して出現する接続詞です。実例を挙げて説明するというあり方は説得力が高く、ジャンルを超えて用いられる手法だからでしょう。

「たとえば」はたしかに使用頻度が高いのですが、使えない場合もいくつかあります。一つは、具体的な例が一つに限られることが明らかな場合です。「たとえば」は、いくつか例が考えられるとき、そのなかから論旨が明確になりそうなものを一つを選んで示すものだからです。具体例が一つに限られる場合は、「具体的には」を使います。次の例では、「具体的には」を「たとえば」で置き換えることはできません。

　ＮＨＫの今年度の予算は六七八五億円と、自治体予算では千葉市の七一三二億円のクラス。しかし、社会への影響力では中央官庁や巨大企業をしのぐ時がある。ＮＨＫがテレビの地上波放送二波に衛星三波、ラジオが三波、さらに国際放送や文字放送などを持つ巨大メディア集団だからだ。

　その姿は「巨大な飛行船」に例えられる。空に浮かべるガスに当たるのが視聴者からの信頼。具体的には収入の九六・五％を占める受信料収入だ。

（『毎日新聞』二〇〇四年九月八日朝刊）

また、先行文脈が、書き手の判断が入る未確定の内容の場合、「たとえば」を使うことは困難です。判断の論証には、「実際」「事実」という、事実によって論拠を示す接続詞が向いています。

東京成徳大学大学院の深谷和子教授（発達臨床心理学）は「昔遊びに熱中する子がいるのは、目新しい遊びだから」とみる。事実、大阪府では高齢者に人気の新スポーツ「ディスコン」が子どもにも広がっている。

（『毎日新聞』二〇〇五年四月二七日朝刊）

文章というものは、抽象と具体の往還によってできあがっています。そのため、「たとえば」が増えすぎてしまう傾向があります。そこで、「たとえば」がなくて済むものは、適当に間引いてやる必要があるのですが、そのさい、後続文に、具体例が比較的長く続くものは、構造上示しておいたほうがよいでしょう。反対に、短い例にかんしては、「たとえば」なしで済ますことも可能です。

次に示す文章は、具体例の部分が長く、接続詞「たとえば」があったほうがよいと考えられるものです。

ヨーロッパの有名なワイン産地がいずれも川沿いにあるのはなぜかという筆者の問いにたいし、日本の学生の多くは、「ブドウの栽培に水が必要だから」と答えるのだそうです。しかし、実際には、ブドウは湿気を嫌い、水はけのよい土地に育つ「砂漠の水」のような存在です。日本人学生の誤解の背景には、稲作という日本的風土からの連想があると語られます。以下はそうした記述に続く部分です。

これは異なる条件をもった別の地域の文化を、自分たちの文化に引きつけた事例、早い話「日本人学生の早とちり」なのだが、同じような誤解をフランス人自身も犯していて、しかも真剣に議論していたことがあったと知ると、フランス人のお国自慢を日頃から聞かされている筆者などは、にんまりしてしまう。

たとえば、ワインの製造法を近代化した化学者であり、さらに内務大臣まで務めたジャン・アントワーヌ・シャプタルは、『ぶどう栽培の理論と実践に関する概論』のなかでフランス各地で河川の流域に優良なぶどう畑が広がる事実を広く確認したあと、これらの川が「ぶどうにとって重要な滋養分となる」要素を大気にもたらしていると結論づけ、「これらの水蒸気がゆっくりとぶどうの木を冷やし、猛暑の影響を遮断したり緩和したりして、ぶどうの皮を柔らかくする」云々とまことしやかに述べたてている。

さすがにフランスの気候とぶどう栽培の条件を知っているシャプタルは、水を直接的な条件とせず、水蒸気の緩和作用とみなしているものの、川のもたらす自然条件が重要であると考える点では、日本の学生たちと同じである。

（福田育弘「ワインという思想——おいしいワインは川が作る?」『片手の音』）

「たとえば」があることで文章構成上の安定性も高まり、同時にシャプタルの例は典型的な一例にすぎず、ほかにも同じような議論があったことを暗に示すことに成功しています。

なお、ヨーロッパの有名なワイン産地が川沿いにある理由は流通上の理由で、古い時代に物資を安全かつ大量に運ぶのに河川輸送がもっとも適していたからだそうです。

「とくに」系――特別な例で読者を惹きつける

「とくに」系の接続詞は、先行文脈に示された内容に特別よく当てはまりそうな例を予告するのに使われます。「とくに」系の接続詞のあとには、その内容に合う典型的な例が示されるので、読み手も強く意識してその部分を読むことになります。「とくに」系の接続詞には「とくに」「とりわけ」「こと（殊）に」「なかでも」などがあります。

以下の文章は、世界を股にかけて活躍されていた指揮者の故岩城宏之氏の文章です。

どこの国で仕事をしていても、毎年必ずぼくの嫌いな週がやってくる。クリスマスだ。特に、クリスマスイブと、その翌日の食生活で、つらい目にあうのだ。日本も含めて、この日ばかりはどこの国にいても、よほど早くレストランの予約をしておかないと、食い損なうおそれがある。

（岩城宏之「クリスマス嫌い」日本エッセイスト・クラブ編『うらやましい人　'03年版ベスト・エッセイ集』文藝春秋）

補足の接続詞

多くの接続詞は、先行文脈の内容を受けて、それが後続文脈にどう展開していくのかを示すものです。いわば、ベクトルが「↓」の方向に向いているといえます。ところが、そのベクトルを「↑」の方向に向ける接続詞があります。それが、補足の接続詞です。

補足の接続詞の場合、文章の構造としては、接続詞のまえまでで、すでにできあがっています。しかし、理解するうえでの情報が不足しているので、その情報を後ろから補う必要があるのです。そのさい、補足の接続詞が用いられます。

補足の接続詞には、理由を補足する「なぜなら」系の接続詞と、関連情報を補足する「ただし」系の接続詞があります。

「なぜなら」系――使わないほうが洗練した文章になる

「なぜなら」系の接続詞には、「なぜなら」「なぜかというと」「だって」「なにしろ」「なにせ」「というのは」「というのも」などがあります。

日本語においては、基本的に「なぜなら」系の接続詞は必須ではありません。私はふだん留学生に日本語を教える仕事をしているのですが、作文の添削のさいに、この「なぜなら」

系の接続詞をいかに削るかに日々苦心しています。留学生の母語ではきっと文頭の接続詞で理由を処理しているのでしょう。

しかし、日本語で理由を表すさいにまず必要なのは、「なぜなら」系の接続詞ではなく、「〜からです」という文末です。これは、第七章で「文末の接続詞」として扱います。日本語では文頭だけでなく、文末にも接続詞があるのです。とくに、ベクトルが「↑」に向く理由の補足については、文末の「〜からです」によって、ここまでが理由であるということを示したほうがわかりやすいと考えられます。

では、なぜ文頭にも「なぜなら」系の接続詞があるのでしょうか。それは、ここからが理由だということを予告するためです。次の例のように、直後に理由が来ると唐突になる文脈の場合、こうした「なぜなら」系の接続詞を挟むことで唐突感を和らげ、文脈が円滑になるようにします。そうした必要がないときは、「なぜなら」系の接続詞を表出しないほうが日本語としては洗練された印象を与えます。

現代絵画は、セザンヌのリンゴから始まるとでもいうべきか。なぜならば、「死せる自然」と呼ばれたように、近世の静物画は死を寓意《ぐうい》した表象であったが、セザンヌのリンゴの登場をもって、それは新しい視覚空間を生み出す装置となったからだ。

（『毎日新聞』二〇〇五年一〇月二五日夕刊）

「ただし」系——補足的だが理解に役立つ情報が続く

「ただし」系の接続詞は、先行文脈において言い足りなかった部分について、後続文脈で、その関連情報を補う接続詞です。「ただし書き」「なお書き」といった表現からもわかるように、伝えたい内容をより正確に伝えるために、情報の微調整をおこなう表現群です。

「ただし」系の接続詞をつけた場合、後続文脈は先行文脈にたいする補足ですので、構造的には、あくまでも先行文脈が主で、後続文脈は従です。しかし、書き手が正確な内容理解のうえでそうした表現が必要だと判断し、わざわざ念押しとしてつけているわけですから、いくら構造的に従だとはいっても、情報としての価値はけっして低くはありません。

「ただし」系の接続詞には、「ただし」「もっとも」「なお」「ちなみに」などがあります。

「ただし」は、「その公園に行けば、名水百選に選ばれた水が飲み放題である。ただし、ペットボトルなどの容器を持参のこと。」のように、先行文脈の成立を保証するために必要な条件を、後続文脈で補うことを予告します。論理的には、「ペットボトルなどの容器を持参すれば、名水百選に選ばれた水が飲み放題である。」という文の条件節「ペットボトルなどの容器を持参すれば」が、文のうしろに転出するさいに「ただし」がつくと考えておけばよいでしょう。「ただし」というのは、「なぜなら」などと同様にやや大仰な表現なので、「ただ、ペットボトルなどの容器は持ってきてください。」などと「ただ」で軽く済ませることが多いようです。「ただ」については逆接の接続詞の記述を参考にしてください。

「もっとも」は「ただし」に近いものですが、「持参のこと」や「持参するように」といった命令のような強い働きかけの表現とは共起しません。読み手に誤解を与えるおそれのある先行文脈に留保をつけて控えめな内容にし、読み手の理解が偏ったものにならないようにするのが「もっとも」の役割です。

閉館時間の六時が近づくと図書館の玄関からたくさんの人が出てきた。そのほとんどは閲覧室で勉強をしていたらしい高校生だった。彼らの多くは私のと同じようなビニールのスポーツバッグを手にさげていた。じっと見ていると高校生というのはみんなどことなく不自然な存在であるように思えた。みんなどこかが拡大されすぎていて、何かが足りないのだ。もっとも彼らの目から見れば私の存在の方がずっと不自然に映ることだろう。世の中というのはそういうものなのだ。人はそれをジェネレーション・ギャップと呼ぶ。

（『世界の終りとハードボイルド・ワンダーランド』）

「なお」は「本筋からは外れるが、必要な情報なので簡単に触れておくと」という意味の接続詞です。当然、「なお」のあとが、読み手にとって必要な情報でなければなりません。

次の例では、「なお」以下の記述が、インドという国についての表面的な知識から生じかねない誤った連想を防ぐ働きをしています。この「なお」は、その意味で読み手にとって必要な情報を示しているといえそうです。

首相就任が有力となったソニア・ガンジー国民会議派総裁は一九四六年、イタリア生まれ。六八年にネール元首相の孫で当時パイロットだったラジブ・ガンジー氏と結婚。「外国人の嫁はダメだ」という義母インディラ・ガンジー首相の反対を押し切った。八三年にインド国籍を取得。ラジブ氏は八四年暗殺されたインディラ氏に続いて首相に就任したが、九一年五月に暗殺された。

〔中略〕

就任直後はインドの公用語であるヒンディー語もたどたどしさが残っていたが、最近では「ほぼ違和感がないほどに上達した」といわれる。なお建国の父マハトマ・ガンジーは一族とは関係がない。

（『毎日新聞』二〇〇四年五月一四日朝刊）

「ちなみに」は「本題とは直接関係ないことだが、参考になるかもしれないので一言言っておくと」という意味の接続詞です。

「ちなみに」で示す場合、間接的にでも読み手の役に立ちそうな情報を入れることが大切です。「なお」と同様に、「ちなみに」で示された情報が読み手の興味を惹きそうもないものだと、読み手にそっぽを向かれてしまいます。次例のように、読み手にとって意外な内容であれば有効でしょう。

札幌市で一八歳まで生まれ育った私にとって、先に文部科学省が公表した学力テスト結果に特に残念な部分があった。「北海道」が分かる小学五年生が、半数に満たなかったというのだ。

「日本列島は四つの大きな島から成り立っています。北から（　　）、本州、四国、九州の四つです」との問いに「北海道」の正解は四八%で、想定した八〇%を大幅に下回った。ちなみに「東北」の誤答が多かったという。

(『毎日新聞』二〇〇五年五月二日夕刊)

第六章　展開の接続詞

「展開の接続詞」というのは、話の本筋を切り換えたりまとめたりする接続詞で、文章の全体構造に関わる、大きな接続を担うものです。

「展開の接続詞」は、話の大きな切れ目を示し、その後の展開がどのようになるかを予告する「転換の接続詞」、それまでの話をまとめ、最終的にどのような結論になるかを予告する「結論の接続詞」の二つに分かれます。

転換の接続詞

転換の接続詞は、話題や場面の切り替えを予告する働きがあります。しかし、話題や場面を転換する場合、段落を変えるだけでそれ以上の操作をしないのが普通です。わざわざ転換の接続詞をつける意味があるとしたら、それはどのような意味なのでしょうか。

転換の接続詞がつけられるところは、文章の全体構造から考えて、重層構造の上位に位置する話題の転換点になるところです。ここは話の大きな分岐点なので、読み手にそのことを強く意識してほしいというシグナルを書き手が送りたいときに使います。

段落を変えるという操作は、大きい分岐点にも、小さい分岐点にも使われます。しかし、転換の接続詞がつけられるところは、つねに大きい分岐点である必要があります。その大きい分岐点を表す接続詞の代表が、自由な連想にもとづき話題を転換する「ところで」、書き手が準備していた話題に戻す「さて」、いよいよ本題に入ることを示す「では」です。「ところで」と「さて」は「さて」系の接続詞として、「では」は「では」系の接続詞として、それぞれ説明します。

「さて」系――周到な準備のもとにさりげなく使われる

さて系の接続詞は、それまでの話題とは別の話題を持ちこむことを予告する接続詞です。「さて」「ところで」「それにしても」「それはそうと」「それはさておき」などがあります。ここでは、よく用いられる「さて」と「ところで」を扱います。

まず、「さて」ですが、たんに別の話題を持ちこむわけではありません。独り言で使われる「さてと」が「そろそろやるべき仕事に戻るか」という臨戦態勢を表すことからもわかるように、「さて」は、書き手はもともと準備していた話題に戻すことを予告する接続詞です。

たとえば、次に紹介する小川眞里子氏の「一〇人の女性ノーベル賞受賞者」（『うらやましい人』）という短いエッセイでは、「さて」が二度登場します。

最初の「さて」は、科学分野における女性のノーベル賞受賞者が過去一〇人、全体のおよそ二%であるという内容が語られたあと、この文章の中心人物マリー・キュリーを紹介するときに登場します。また、二度めの「さて」は、生涯でノーベル賞を二度受賞した希有な女性科学者マリー・キュリーの苦労の多い歩みが語られたあと、女性の研究者に求められた研究と家事・育児の「ダブル・スタンダード」について語りはじめるときに登場します。

この二つの「さて」は、明らかに筆者があらかじめ周到に準備したものであり、行きあたりばったりでつけたものではないことがわかります。文章の全体構造を視野に入れ、話題の重要な分岐点に使われているからです。

・さて、一〇人のノーベル賞受賞女性の名前を挙げるとなると、最初の一人は誰もが知っているマリー・キュリーである。
・さて、なにゆえに女性科学者は少数なのかという一般的な問いに対して、答えは女性に課せられた「ダブル・スタンダード」であることに違いない。

一方、「ところで」は、自由な連想にもとづく話題の切り替えを表します。「さて」にくらべて、行きあたりばったり的な感じが強いものです。しかし、実際には、話している場合はともかく、書いているときは、行きあたりばったりであるかのように見せていることが多いようです。手練《てだ》れの作家が自由闊達《かったつ》にエッセイを書くときに現れるもので、素人はあまりマネをしないほうがよいでしょう。

　このところ、暇をみては、老人ホームを見てまわっている。理由は一応、老いとはなにか、老いの実態を見るため、とでもしておこうか。

　ところでこの老人ホーム、ずっと昔は養老院などといって、人生の敗残者が寄り集っているような印象があったが、最近の老人ホームはそんな陰気なイメージからはほど遠く、明るく清潔で、楽しげでもある。

（渡辺淳一「老いるということ」日本エッセイスト・クラブ編『象が歩いた　'02年版ベスト・エッセイ集』文藝春秋）

「では」系——話の核心に入ることを予告する

「ところで」は自由な連想にもとづく転換、「さて」は準備された話題に戻す転換を予告するものであることを確認しました。転換のもう一つの重要な接続詞「では」は、話の本題に入り、話の核心に迫る転換を予告するもので、三つのなかでもっとも展開の制約が強いものです。しかし、展開の制約が強いということは、論理的に厳密であるということであり、論文やレポートなどの硬い文章にもお勧めできます。

「では」系の接続詞には「では」「それでは」「じゃあ」があります。「それでは」は、書き言葉では「では」とほとんど同じですし、「じゃあ」は話し言葉専用ですので、ここでは「では」に絞って説明します。

転換の接続詞は、話題の大きな転換点を表すという意味で、いずれも新たな段階に入るという印象を読み手に与えますが、「では」の場合、それまで述べられてきた話が佳境に入り、いよいよ話の核心が示されるという最終段階に入る印象があります。最終段階でなく、問題提起の段階で示されることもありますが、その問題提起は文章全体に関わる重要な問題提起であることが普通です。

次の文章は、「本当にあった自殺の危険日『ブルーマンデー症候群』」という見出しの記事で、憂鬱な月曜日をどう乗りきるかということが書かれています。記事では、月曜日がいかに危険な日かということが詳細に述べられたあと、次に紹介する部分に入ります。

では、月曜日の危機をどう乗り切ればよいのか。「週末は寝て過ごすのでなく、適度な運動でストレスを発散すること。『月曜日は会社に行くだけでOK』とのんびり構えることも必要です。会議や朝礼を月曜日に行う会社や学校が多いが、ストレスを増やすだけだし、仕事の効率も悪い」

あなたの会社、月曜日に会議がありませんか？

（『毎日新聞』二〇〇五年二月五日夕刊）

結論の接続詞

結論の接続詞は、それまで述べてきた内容をまとめて、最終的な結論に帰着させることを予告する接続詞です。結論を表す接続詞の典型は、それまで述べてきた内容を踏まえて結論を導くことを予告する「このように」系の接続詞ですが、それまで述べてきた多様な議論にとりあえず決着をつけて結論を出すことを予告する「とにかく」系の接続詞もあります。

なお、「だから」や「したがって」、「つまり」や「ようするに」など、順接の接続詞や換言の接続詞にも結論を示す役割が見られることがあります。これらについては、それぞれの接続詞の説明を参照してください。

「このように」系——素直に文章をまとめる

「このように」系の接続詞は、先行文脈で述べてきた内容を大きくまとめて、最後に結論を示すことを予告する接続詞で、「このように」「こうして」「かくして」「以上」「結局」などがあります。ここでは、それまでの内容をまとめて結論を示すものとしてもっとも標準的な「このように」を取りあげます。

接続詞は、一般に「それ」「そう」「そこ」など、ソ系列の指示詞から派生してできるものがほとんどですが、結論の接続詞にかぎっては「このように」「こうして」など、コ系列の指示詞が優勢です。コ系列の指示詞は、文章の中心的な話題を指すときによく用いられるもので、直前の内容だけでなく、しばらく前に出てきた内容を指すことも可能です。そうしたコ系列の指示詞の性格が、結論の接続詞に見られる、先行文脈の内容の総括という役割に合致するのだと思われます。

とくに、「このように」は、「この＋ように」、つまり「以上述べてきた内容のとおり」という意味を表すものですから、まとめを表す接続詞としてはもっとも素直なもので、使い勝手のよいものです。

次に示す例文は、インターネットがまだ普及していなかった一九九五年当時、全国に先駆けてインターネットを導入した天文台として有名になった「みさと天文台」の話です。美里町という地方の小さな町で、天文台がどのようにその利用価値を高めていったのか。そのプロセスが詳細に述べられたあと、接続詞「このように」を使って、文章が端的にまとめられています。こうした文章展開をとることで、「みさと天文台」の地域活性化の意義が、すんなり実感できる流れになっています。

天文台のオープンとともに開通したインターネットを使って、美里町からの情報発信作戦が始まった。天文台だけでなく町の情報化も受け持つことになったが、いきなり町で実績をあげるのは難しいと判断し、まずは天文台で利用してその影響力の大きさをアピールすることにした。望遠鏡に取り付けたビデオカメラの映像をそのままインターネットで流したところ、内外から大きな反響があった。この反響は最終的に、美里町内で国際会議を開催するまでに至っている。これまで和歌山県内においてもあまり知られていなかった美里町が、全国的にニュースで取り上げられるようになり、町長や役場職員の間でもインターネットの持つ潜在的な力の大きさが理解されるようになった。

そこで、天文台での利用から町内での利用に活用範囲を広げることになったが、その際に一般住民や行政よりもまずは学校教育から始めることにした。学校への投資は、効果がわかるまでに時間はかかるものの将来の美里町にとって一番価値のある対象である。当時、町内には五つの小学校と二つの中学そして県立高校の分校が一校あったが、一九九七年春までに一人の天文台職員の仕事ですべての学校をインターネット接続することができた。もちろん、それぞれの学校が小規模であるためにできた事業ではあるが、学校のインターネット接続一〇〇%の一番乗りであった。

この事業の効果が数年で出ればよいと思っていたが、予想外にすぐ効果は現れてきた。まず、県立大成高校の分校である美里分校の受験者数が急増した。それまでは定員を大きく割り込んでいたが、天文台との連携やインターネットを使った授業などが噂になり、ほぼ定員を満たすようになった。また、小中学校でも教職員の積極的な利用によって予想以上の実績が上がっていた。一九九九年秋には町の中心にある美里中学においてインターネットを活用した研究授業が開催されたが、このとき体育を含むすべての教員のすべての授業でパソコンやインターネットが利用された。美里町のＩＴ教育は全国の先端を走っていた。また、学校のパソコン教室を利用してボランティアや教員によって自主的に始まったパソコン教室も町民の人気を集め、国がＩＴ講習会を始める際には、すでに一割もの住民がより高度な講習を受講済みだった。

このように、インターネットを導入した天文台が町のアドバルーンとして全国に名を広げ、そこから結ばれた学校では生徒だけでなく住民も積極的に施設の利用を始めた。直接的な関係はないが、最近、町内での様々な元気あふれる活動が地方紙面を頻繁に飾るようになった。地区によってはＩターンが増えているという。星で外部の人を引きつけ町内にお金を落とすという、当初の目論見はあまり成功していないが、天文台とインターネットを使った活動が町民に何らかの刺激を与えたようだ。

（尾久土正己「天文台と地域振興」『うらやましい人』）

「とにかく」系――強引に結論へと急ぐ

「とにかく」系の接続詞は、先行文脈で示されたさまざまな意見に決着をつけ、一応の結論を示すことを予告するものです。それまでの議論の経過を無視して、話し手が用意した結論に強引に着地させるときに使われることが多く、読み手の目には牽強《けんきょう》付会《ふかい》に映りがちなので、論文やレポート、報告書などでは控えるようにしたほうが賢明です。

「とにかく」系の接続詞は、「とにかく」「いずれにしても」「いずれにしろ」「どっちにしても」「どっちみち」などがあります。このうち、「いずれ」や「どっち」を含むものは基本的に性格が似ていますので、それらは「いずれにしても」に代表させることとし、ここでは「とにかく」と「いずれにしても」の二つを取りあげることにします。

「とにかく」は、議論の過程を飛ばして結論を急ぐときに使われます。日常会話では、不必要な途中経過を長々語られても困る場合が多いので、「とにかく」で端折ってもらったほうがありがたいことが多いですし、次に示す文章のように私的なことを語る場合にはよいと思います。しかし、書きことば、とくに説得を目的とした論文やレポートでは、理由がはっきりしないのに結論だけ出したいときに使われることが多く、論証過程が粗雑な印象を相手に与えますので、避けたほうがよいでしょう。

東大に入るのとプロ棋士になるのと、どちらが難しいかと聞かれれば、プロ棋士になることだと思います。でも、大学に入ってこれはついて行けないなと思いました。教えてもらうというより、自分で勉強しないといけない。僕なんか本を読んでもすぐ忘れちゃうのに、他の東大生が内容をよく覚えて理解しているのに驚きます。第二外国語の中国語の単位が取れなくて留年もしてしまいましたしね。とにかく語学が苦手なんです。

（『毎日新聞』二〇〇五年一月一〇日朝刊）

「いずれにしても」は、どれを選んでも同じ結論に至るという意味を表し、本来は論理性の高い表現です。ところが、最近、論証の過程を飛ばす目的で、「とにかく」に近い用いられ方をすることが多いようです。「とにかく」だと、意図的に飛ばしたことがわかるのですが、「いずれにしても」だと、一見論理的に見えるため、読む人が読めば、かえって巧妙な手口だと受けとられるおそれもあります。「いずれにしても」も、根拠を書かずに済ましたり、論証の過程の粗雑さを覆いかくしたりするために使うことは避けたほうがよいでしょう。

ただし、「いずれにしても」の論理性が高いとき、すなわち、「いずれ」が先行文脈で特定でき、かつ、そのどれを選んでも同じ結論に至るときは、「いずれにしても」を選択するのは有効です。

次の例は、地震などの災害によって電話が通じにくくなっても、被災者の安否の確認や避難場所の連絡などが確実にできるように、ＮＴＴが一九九八年にスタートさせた録音・再生サービス「災害用伝言ダイヤル１７１」について書かれた文章です。

自分の安否を心配している人にメッセージを伝えるには、自分の電話番号を入力した後に録音すれば、知人たちはその番号を入力することで再生できる。被災地内の人同士や、被災地外から被災地内の人への連絡にも使える。連絡したい相手の電話番号を入力した後に録音すれば、相手は自分の電話番号を入力後に再生することで、自分あてのメッセージをチェックできる。いずれにしても、被災地内の電話番号を入力し、それをキーとして録音、再生する仕組みになっている。(『毎日新聞』二〇〇五年八月三〇日朝刊)

「自分の電話番号」にしても、「連絡したい相手の電話番号」にしても、「被災地内の電話番号」であることには変わりないので、「それをキーとして録音、再生」できることには変わりありません。その意味でこの文章は論理的です。

第七章　文末の接続詞

文末で構造化に貢献する

文以上の単位を結ぶ接続詞の場合、接続詞は文頭にあるのが普通です。しかし、日本語の場合、接続詞が文末に埋めこまれている場合があります。たとえば、「～からだ」を例に考えてみましょう。

間もなく雨が降りだすだろう。なぜなら、西の空が黒雲に覆われてきているし、ツバメが低空を飛び交っているからだ。

この文の接続詞は、「なぜなら」ですが、「なぜなら」は理由の始まりを予告するだけです。理由の終わりは「からだ」によって初めてわかります。この文では、接続詞は、「なぜなら」だけというより、「なぜなら～からだ」というセットのように思えます。また、「なぜなら」単独でも先行文脈の理由を表せますが、やや座りが悪い感じがします。むしろ、「からだ」単独で理由を表すほうが自然だといえるでしょう。

一方、後続文脈を文末で予告するタイプの接続詞もあります。

外国人横綱は曙だけではない。曙と同じハワイのオアフ島出身の横綱に武蔵丸がいる。朝青龍、白鵬の両横綱も、モンゴルのウランバートル市出身だ。

「～だけではない」は、文を超えたレベルで、文章構造の整理をおこなうことが可能です。典型的な接続詞の場合、後続文の文頭に現れるのが普通ですが、「だけではない」のように、先行文の文末で早めに後続文脈との関係を予告するものもあります。

「からだ」や「だけではない」は、すでに示した本書の接続詞の定義「接続詞とは、独立した先行文脈の内容を受けなおして、後続文脈の展開の方向性を示す表現である」に収まりきらない部分はあります。ですが、こうした文末表現は、文を超えたレベルで先行文脈と後続文脈の連接関係を示し、文章の構造化に貢献しているという点では、一般的な接続詞と変わりありません。

理論的な観点からは、接続詞と共通する機能をこうした文末表現が果たしている以上、接続詞に準じて扱っておいたほうが、その位置づけが明確になるでしょう。また、実用的な観点からも、これらは接続詞の一種に含めて整理しておいたほうが、実際に文章を書くときに役に立つと思われます。そこで、ここでは、こうした文末表現を「文末接続詞」と呼び、接続詞に準じるものとして、その役割を概観することにします。

否定の文末接続詞

否定文というのは論理的には不思議な文です。たとえば、本書の筆者である石黒が「私はジョージ・ワシントンではない」と言ったとします。しかし、この文はまったくのナンセンスです。「私」が「ジョージ・ワシントン」ではないことは明らかだからです。「私はジョージ・ブッシュではない」「私は所ジョージではない」も同様です。

ところが、「私は石黒ケイではない」は意味がありそうです。石黒ケイさんというのは女性のジャズ・シンガーで、私と同じ神奈川県出身だからです。「石黒ケイ」と「石黒圭」という混同しそうな名前であれば、否定文によって区別する意味があります。否定文は、対になる、現実にありそうな肯定文が存在し、それを否定することによって初めて表現としての存在意義を持つものです。

否定文は、肯定文に依存しなければ、表現としての安定性を獲得することができません。たとえば、本書の筆者を「石黒ケイ」だと思いこんでいた読者がいた場合、「石黒ケイではない」と否定されるだけでは納得のいかないない気がするでしょう。「石黒ケイ」でなければ誰なのかという疑問がつきまとうからです。その場合、「女性のジャズ・シンガーの石黒ケイではなく、男性の大学教員の石黒圭だ」と言って、「石黒ケイではない」に代わる肯定表現「石黒圭である」を示す必要があります。

否定表現というのは、単独では情報価値が低いことが多いので、読み手はつねにそれに代わる肯定表現を求める傾向にあります。そこで、文章では、読み手が抱きがちな先入観をあらかじめ否定して、読み手に「えっ?」と思わせておいて、それに代わる肯定表現をあとから導入して自説を印象づけるというレトリックがしばしば用いられます。その背後には、否定表現の情報価値の乏しさと、表現としての不安定性があるのです。

「のではない」系——読み手の心に疑問を生む

否定表現によって文脈に不安定性をもちこみ、「じゃあ、何なの?」と読み手に思わせておいて、肯定表現を示す文末接続詞を「のではない」系の文末接続詞と呼ぶことにします。代表的な形式は、「のではない」と「名詞＋ではない」です。

英語ですと、「not ~ but …」という構文があるのですが、日本語の場合、「but」に当たる接続詞を使わず、文末接続詞だけで表現します。

「のではない」の「の」には文の一部に焦点を当てる働きがあります。次の文でいえば、「クーデターで」に焦点が当たっています。「クーデターでないなら何なのか」という関心が読み手の心に生まれ、それが後続文の理解を円滑にしています。

しかし、次のことも忘れないでほしい。第二次世界大戦を引き起こした元凶であるヒトラーはクーデターでドイツの権力を手に入れたのではない。ヒトラーは選挙によって「ヒトラーなら何かをやってくれる」と期待するドイツ国民に選ばれたのだということを。
（『毎日新聞』二〇〇五年八月二二日朝刊）

「だけではない」系――ほかにもあることを予告

否定の文末接続詞には、「のではない」系以外に、「だけではない」系の文末接続詞があります。これは、単なる否定表現ではなく、否定の「ない」が、限定を表す「だけ」などを否定することで、該当するものが一つだけでなく複数あるということを予告します。いわば、限定解除の文末接続詞です。

英語に訳すと、「not only ~ but also …」となり、「のではない」系と同様に「but」という接続詞が現れます。日本語の場合は、文頭の接続詞は使わず、文末接続詞だけで表現するのが普通です。

「だけではない」系の文末接続詞は、「だけではない」のほか、「ばかりでない」「にかぎらない」「にとどまらない」などがあります。以下は、「だけではない」の例です。

フェレイラにたいする気持は侮蔑と憎しみだけではない。そこには同じ運命を共有しているという連帯感と自己憐憫《れんびん》をふくんだ憐《あわ》れみの感情も加わっていた。自分達は醜い双生児に似ていると、フェレイラの背中を見つめながらふと思う。おたがいその醜さを憎み、軽蔑しあい、しかし離れることのできない双生児、それが自分と彼とである。

（遠藤周作『沈黙』新潮文庫）

また、「〜だけ…のではない」という分離した形で使われることもあります。

「地球温暖化」は、温度上昇だけを意味するのではない。人間活動が引き起こしている温暖化を指している。過去人類が放出した温室効果ガスだけでも、当分温度上昇は続くだろう。そして世界は、ますます大量の化石燃料を燃やし続けている。急激な温度上昇は、今後どこまで達するのだろうか。

（『毎日新聞』二〇〇五年五月一日朝刊）

「だけではない」系の文末接続詞は多くの場合、他にもあるという内容を後続文脈に取りますが、まれにそうでない場合もあります。たとえば、次の文章は、尾崎一雄『虫のいろいろ』（講談社文芸文庫）からの引用ですが、類似の内容が後続文脈に来ることなく、別の話題に移っています。

「どうだ、エライだろう、おでこで蝿をつかまえるなんて、誰にだって出来やしない、空前絶後の事件かも知れないぞ」
「へえ、驚いたな」と長男は、自分の額にしわを寄せ、片手でそこを撫でている。
「君なんかに出来るものか」私はニヤニヤしながら、片手に蝿を大事そうにつまみ、片手で額を撫でている長男を見た。彼は十三、大柄で健康そのものだ。ロクにしわなんかよりはしない。私の額のしわは、もう深い。そして、額ばかりではない。
「なになに？　どうしたの？」

みんな次の部屋からやって来た。そして、長男の報告で、いっせいにゲラ〳〵笑い出した。

「額ばかりではない」という文末は他にもあるという予測を生みだします。しかし、後続文では、他のしわについて何の説明もなく、別の話題に移ってしまいます。予測を外された読み手はその空白を埋めるために自ら想像力を働かせ、「目尻も」「眉間も」「口元も」「ほほも」「あごも」「首筋も」という具合に、その部分を補わなければなりません。

しかし、読み手が文章理解に主体的に関わった結果、この場面がかえって強く印象づけられます。書かれていないほうが雄弁であることも、ときにあります。その雄弁さを引きだしているのが、「だけではない」系の文末接続詞の力です。

疑問の文末接続詞

疑問の文末接続詞として力を発揮するのは、疑問の終助詞「か」です。疑問文は、対話においては聞き手から情報を引きだすことを可能にしますが、答えてくれる聞き手がいない文章では、書き手は、自分で疑問を提示しても、自分で答えなければなりません。

そのため、疑問を提示した場合は、後続文脈で疑問にたいする答えが語られるだろうという予測に結びつきます。「か」単独よりも「のか」、「のか」よりも「のだろうか」のほうが疑っている感じが濃くなり、疑問としての力も強くなります。

疑問の力が強くなると、次にどんな答えが示されるのか、読み手の期待は高まります。また、そうした力は、疑問にたいする明確な答えが示されるまで終わることがありません。そのため、疑問の力が強く、文章全体を構造化するのに役立つ文は問題提起文と呼ばれ、説明的な文章を書くときにとくに重要になります。

メディアがこれほどイチロー選手らにスペースを割いたのは、もちろん、視聴者、読者の関心が高いと判断したためである。それでは何ゆえ、ファンはイチロー選手らに関心を示したのか。

何といっても、見ていて面白くて楽しいからだろう。ワクワク、ドキドキさせてくれる魅力的なものが、大リーグにはたっぷりあった。もともと世界のトッププレーヤーが集まる最高の舞台である。それが日本の一流選手の参戦で、一挙に身近なものになった。そしてイチロー選手は、期待以上のプレーを披露した。私たちは、頑張れば日本人が世界レベルでも十分やっていける現実を目の当たりにした。楽しくないわけがない。
（『毎日新聞』二〇〇一年一二月一六日朝刊）

地の文のなかに示された疑問文は、読み手の注意を喚起する力が強いものです。ですから、疑問を示したいときは、その問いが読者の注意を強く喚起するほどの価値があるかどうかを見きわめ、高い価値がないと感じたら、疑問文の形を取るのは避けたほうが安全です。

説明の文末接続詞

説明の文末接続詞というのは、先行文脈との関連性を示す文末表現で、日本語でとくに発達しています。たとえば、次の例の「のだ」が、説明の文末接続詞に相当します。

猫が歩いている

俺の心が歩いているのだ

（高橋新吉「猫」『愛の詩集 ことばよ花咲け』）

この詩においてもし「のだ」がなければ、「猫が歩いている」ことと、「俺の心が歩いている」ことが関連性のない、まったく別のことになってしまいます。しかし、ここでは「のだ」がつくことで、「猫が歩いている」姿に、「俺の心が歩いている」という詩人の感情を投影させることに成功しています。「のだ」という説明の文末接続詞の有無が、言葉の解釈をここまで変えてしまうのです。

説明の文末接続詞は、先行文脈からの帰結を表すことが多い「のだ」系の文末接続詞と、先行文脈の理由をもっぱら表す「からだ」系の文末接続詞に分かれます。

「のだ」系――文章の流れにタメをつくる

「のだ」系の文末接続詞には「のだ」と「わけだ」があります。まず、ジャンルを問わず使用頻度がきわめて高い「のだ」から見てみましょう。

「のだ」は、「のだ」「のである」「のです」「の」「んだ」「んです」など、文末を「の（ん）」によって名詞化するものの総称です。

この「のだ」の考え方には諸説ありますが、私自身は、

①読み手が断片的または誤った認識を抱いているおそれがあり、
②そうした認識上の問題を解消しうる新たな関連情報が書き手の頭のなかにある。
③そう書き手が考えたとき、その情報に「のだ」をつけて提示する。

と考えています。

読み手は文章によって提供した情報を一度に理解できるわけではありません。線条的な文の連続によって順々に提供される断片的な情報を組み合わせ、まとまりのある理解へとつなげようとしています。

断片的な情報を示しているときには、通常「のだ」はつきません。断片的な情報が組み合わさって、それが一つのまとまった内容として認識されるときに「のだ」がつきます。「のだ」は段落や文章の最後の文につくことが多いのですが、それはこうした理由によります。

ただ、「のだ」にはやっかいな問題があります。すべての文とは言いませんが、文章の大半の文につけることができるのです。「のだ」をつけるというのは、いわば「ここまで読めばわかるでしょ?」という合図を読み手に送るようなものです。ですから、一文進むごとに、「ここまで読めばわかるでしょ?」を繰り返すことも不可能ではないわけです。

文章を書きなれていない日本人学生の書いた作文を見ると、しばしばこの「のだ」があふれるくらい使われていて驚くことがあります。「のだ」を使うこと自体は悪いことではありませんが、使いすぎると押しつけがましくなり、内容上のまとまりを作ることで文章構造の見通しをよくするという「のだ」の効果が発揮されなくなります。

一方、「のだ」は留学生が書く作文にはあまりつかない傾向があり、読んでいて文法的には間違っていないのだけれど、文章にまとまりがなく、どことなく読みにくいという印象を抱くことがあります。留学生の母語に「のだ」に相当する表現がない場合、どのような呼吸で「のだ」を使ってよいのか、よくわからないのでしょう。

文章を心地よく読めるようにするためには、文章の流れを「のだ」によって適度に止め、「ここまでが一つのまとまりです。わかりましたか。では、次に行きましょう」というタメを作る必要があります。「のだ」の多すぎる文章は、ぶつぶつ切れる感じでタメがありませんし、「のだ」が少なすぎる文章は、切れ目なく続く感じがし、やはりタメがありません。

では、どのように「のだ」をつけたらよいでしょうか。

大切なことは、一般の接続詞と同じで、理解者の立場に立って調整をすることです。ここまで読んで初めて説明の全体像が見えたというところに「のだ」をつけるとよいと思います。

次の文章は、三浦綾子『塩狩峠』（新潮文庫）からの引用です。信夫は、キリスト者である母が自分を置いて出ていったことへの不信感が、母が帰ってきた今もぬぐえません。その理由を自分なりに分析している場面です。なお、信夫の母は、義母（＝信夫の祖母）にキリスト者であるという理由で結婚に反対されていましたが、義母が亡くなったことにより、夫のもとに帰ってきています。

信夫は、自分でも理由のわからないままに、母にうちとけることができなかった。それは、長い間別れて暮《く》らしていたという理由もあったかもしれない。母が食事のたび祈《いの》ることに、何とはなしにとり残されたような寂しさを感じていたこともそのひとつかもしれない。しかし、信夫は無意識の中に、幼い自分を捨てて家を出てしまった母を、心の中で決して許していなかったのかもしれなかった。母を美しいと思い、やさしいと思い、あこがれのような愛をすら抱《いだ》きながら、しかし心の奥底《おくそこ》では、そのやさしさ、美しさを全く信じ切っていたわけではなかったのかも知れない。いや、やさしければやさしいだけ、どこかで油断のならないものを信夫は子供心に感じていたのかもしれなかった。自分よりも大事なものが母にあるということが、信夫には納得できなかったのだ。

子どもは親に誰よりも愛してほしいし、愛してもらえると期待しているものです。しかし、信夫の母は、自分よりもキリスト教の信仰を選んでおり、そこに信夫は引っかかっているわけです。「自分よりも大事なものが母にあるということが、信夫には納得できなかった」に「のだ」がつく理由はよくわかります。ここまで読んでようやく話の全体像が見えたと感じられるところだからです。

「わけだ」は、「のだ」とよく似ていますが、名詞化の機能しか果たさない「の」と、「理由」という意味を備えている「わけ」とでは、使用される範囲が異なります。「わけ」のほうが限定的なのですから、使われる頻度は当然少なくなります。

文章に使われやすい「わけだ」は、推論の帰結を表す「わけだ」です。先行文脈に述べられた内容を根拠にして、条件的な推論をすると、「わけだ」のついた文の内容に落ち着くという意味を表すときによく用いられます。

書き手の推論を読み手に明確に問う形なので、うまく使えていれば説得力が高まる反面、その推論に妥当性がないと感じられると、書き手の無理な解釈を押しつけられたような気がして、かえって説得力が落ちるおそれがあります。読み手が「なるほど」とうなるような、自信を持って勧められる推論が示せるときだけに留めることが大切です。

一流、超一流という枠が正確にあるわけではない。しかし目に見えない定員のようなものは将棋界にたしかに存在している。筆者の感覚からするとトップ五ぐらいまでが超一流の定員枠と位置づけられるような気がする。久保が超一流の仲間入りをするにはその枠にいる棋士を引きずり落とし、その座を奪い取らねばならないわけだ。目標達成の第一歩として、本局の相手は打ち破らねばならない壁である。

（『毎日新聞』二〇〇三年九月七日朝刊）

こうした「わけだ」は「ということだ」「ことになる」などとも言い換えができそうです。そう考えると、「ということだ」「ことになる」なども、広い意味での文末接続詞の一種と考えることが可能です。

次に示すのは、「ことになる」の例文です。文頭には接続詞がありませんが、「したがって」などがつけられそうです。最後の文の文末には「のだ」がついていて、こちらも接続詞「つまり」などをつけることができそうです。それまでの文脈をまとめ、その推論の帰結や解釈などを示す働きは、文頭の接続詞だけでなく、文末の接続詞にもあるのです。

昨年の梅雨時分のある日、菌友のひとりからメールが届いた。彼がフィールドにしている海の近くの公園で、朽ちたタブの倒木上に妙なきのこを見つけたというのだ。添付された映像を見て驚いた。アミヒカリタケそのものではないか。アミヒカリタケは白い小型のきのこであるが、傘の裏が網目で、柄が光るという特異な形質を持ち、沖縄や紀伊半島で、その発生が確認されているが、これまで東京で見つかったことはない。この発見で、アミヒカリタケの分布とその生育環境の範囲が、一気に関東まで広がったことになる。アミヒカリタケは、自然がないといわれる東京に、沖縄や紀伊と同じ自然のあることを教えてくれたのだ。

（大舘一夫「都会でキノコを楽しむ」『片手の音』）

「からだ」系――理由をはっきり示す

「からだ」系の文末接続詞は、先行文脈の内容に何らかの違和感があるときに、その理由を示し、違和感を軽減させる働きのあるものです。「からだ」と「ためだ」があります。ここでは、使用頻度が高い「からだ」に代表させて説明します。

「からだ」は理由を補填するときに使う形式で、「なぜなら」系の接続詞と相性がよいという特徴があります。すでに述べたように、「なぜなら～。」と文頭の接続詞だけをつけて言いっぱなしにするよりも、「～からだ。」と文頭の接続詞を言わずに「からだ」だけを示すほうが一般的です。「のだ」と言い換えが可能な場合もありますが、理由であることをはっきり示す必要がある場合は「からだ」を使ったほうが自然です。

次の例は、将棋のプロ棋士が、大事な対局に負けてしまった日の帰り道のことを書いたエッセイの結末の部分です。理由であることを明示したことで根拠となる内容が明確になり、説得力が増しています。

> 明治通りにあるラーメン屋で、ひとりラーメンを食べて帰った。そのラーメン屋は日本一まずいラーメン屋である。対局を負けた後にしか行かないからである。
>
> （先崎学『まわり将棋は技術だ』文藝春秋）

意見の文末接続詞

最後に、書き手の意見を示す文末接続詞を見ておきましょう。

論文・レポートを書くさいには、事実と意見の区別の重要性が強調されます。意見には書き手の判断が入るため、判断が入る文末が、意見の文末接続詞のようにも思えます。しかし、「だろう」「らしい」「ようだ」「そうだ」「かもしれない」「にちがいない」「と思う」などを文末接続詞と言ってしまうのは、接続詞というものの概念を拡張しすぎでしょう。それらは、先行文脈と後続文脈を結ぶというよりも、書き手が責任を持って主体的な判断をおこなうということが第一義だからです。

もし、書き手が判断を示すこうした文末表現のなかで、接続詞的に働いているものがあるとしたら、書き手としての「私」を可能なかぎり排していて、「私」が積極的に判断を下さなくても、論証の流れからして、結果的にそこに帰結するという働きをなすと見なせるものが、意見の接続詞ということになるでしょう。

そうした意見の文末接続詞をここでは三つに分けて扱います。第一は、思考動詞・伝達動詞の自発形・可能形による「と思われる」系の文末接続詞、第二は、「のだ」の否定疑問文で書き手の見解を提示する「のではないか」系の文末接続詞、第三は、書き手の当為の判断を表す「必要がある」系の文末接続詞です。

「と思われる」系――「私」の判断に必然感を加える

意見の文末接続詞の一つめは、「と思われる」系の文末接続詞で、思考や伝達をする動詞の自発形・可能形で表されます。よく使われるのは、「と思われる」「と考えられる」「と言える」の三つです。これらがもし「と思う」「と考える」「と言う」であれば、書き手の積極的な判断を表し、先行文脈とたいして関連づけなくても表せる形式でしょう。「私は～と思う」「私は～と考える」「私は～と言う」のように「私は」を補うことができるからです。

しかし、「と思われる」「と考えられる」「と言える」は、「私は～と思われる」「私は～と考えられる」「私は～と言える」とは言えません。主体の積極的な判断ではなく、むしろ自然にそうなるという帰結を表しているからです。こうしたものは、書き手の判断を含んでいながらも、論理の必然的な帰結を重視しているという意味で、広い意味での文末接続詞と呼ぶことができると思います。

次の文章は、「と思われる」の例です。文章全体の内容を踏まえて、最終的な結論が最後の「と思われる」の文に流れこんでいます。最後の文に文頭の接続詞はありませんが、「したがって」などが入ってもよさそうです。

上場会社の〇三年九月中間決算の最終利益は前年同期比三四％の増加、通期でも四五％増になる、と伝えられている。マクロ経済の実質成長率も二・五％を超えそうである。これは日本の産業、経済が明らかに回復に転じたことを示すとともに、バブル崩壊後の長い調整過程を経て中期的な上昇気流に乗り始めたしるしでもあるのではないか。

理由の第一は、この回復は一時的な政策効果によったものではなく、企業の自主努力の積み重ねという持続力をもって起きたものだからである。〔中略〕

理由の第二は新しいフロントが見え始め、技術開発の焦点が決まって新製品やサービスの開発が勢いを増してきたことである。〔中略〕

第三は技術開発や物づくりに関する自信の回復である。〔中略〕

このように日本が新しい国づくりをめざすに当たって、経済、産業面での条件はすでに動き始めている。これをどのように生かし、全体として新たな国づくりの志を立てるかが、今後の課題だと思われる。

（『毎日新聞』二〇〇三年一二月一一日朝刊）

「のではないか」系――慎重に控えめに提示する

意見の文末接続詞の二つめは、「のではないか」「のではないだろうか」といった、「のだ」

の否定疑問文で示されるタイプです。名詞が述語になる文であれば、「のだ」がなくても、「重要な問題ではないか」のように、「名詞＋ではないか」も可能です。

「のではないか」は、話し言葉では「んじゃない？」に対応します。「んじゃない？」は、「玄関に誰か来てるんじゃない？」「外は雪が降ってるんじゃない？」など、何か気配を感じ、その気配を根拠にして控えめな判断を示す形式です。

「のではないか」もまた、先行文脈を根拠としつつも、断定を避け、慎重な判断を示す形式です。「のではないだろうか」と、推量の助動詞「だろう」が入ると、判断への慎重な姿勢がますます強まります。書き手の意見を、読み手に受けいれやすくするように、結論を提示するときによく用いられます。


今、私たちは無意識のうちに輸入野菜を食べたり、ペットボトル入りの水を飲んだり、遠くの原発から運んだ電気を使ったりしている。目先の経済原則にはかなうのかもしれない。けれども、外国の水と土で育てた野菜を化石燃料を使って運ぶ環境負荷、水源地の自然の循環を壊すリスク、放射性廃棄物を管理し続けるコストなどを考えると、限界があるように思える。水や食べ物、エネルギーの小さな循環を取り戻すことが、本当に

豊かな社会を作るのではないだろうか。　（『毎日新聞』二〇〇四年七月二七日朝刊）

「必要がある」系――根拠を示したうえで判断に至る

意見の文末接続詞の三つめは、「必要がある」「べきである」「なければならない」「てはならない」などの、いわゆる当為を表す「必要がある」系の文末接続詞です。段落末や文章末で書き手の意見を示すのに好んで用いられ、先行文脈の議論を踏まえて、望ましい姿を示してそれまでの話をまとめます。

「必要がある」というのは、もちろん書き手の判断ではありますが、根拠もなくいきなり「必要がある」と言うことはありません。あくまでも、先行文脈で展開された内容を踏まえて、「必要がある」という判断に至ります。当為を表す文末表現は、論説文においては、書き手の主張を妥当なものとして提示するのに使われるので、その主張に至るまでの文章展開は論理的必然性を高めるような流れになっているのが普通です。

小児科同様、麻酔科も希望者が少なく、医師不足は深刻な状態だ。今回のように、現場の麻酔科医は気の毒な勤務状態にある。問題は、自治体病院が多すぎることだ。近隣自治体が協力して「病院局」を設置し、各病院をネットワーク化して限られた数の医師を適正配置するなど、あり方を考え直す必要がある。

（『毎日新聞』二〇〇五年一一月二九日夕刊）

意見の文末接続詞では、いささか接続詞の概念を拡張しすぎたかもしれません。ただ、こうした文末表現もまた、先行文脈と後続文脈の円滑な展開を保証していることに注意を向ける必要はあるでしょう。文末に述語が来る日本語の場合、文頭と文末の両方で前後の文脈との関係を明確にするメカニズムが整っています。文頭の接続詞ばかり習熟しても、なめらかに展開する文章は書けるようにはなりません。文頭の接続詞と文末の接続詞の双方に目配りができるようになって初めて、読み手の立場に立った適切な推敲が可能になります。

本書の冒頭で井伏鱒二のエッセイを紹介しましたが、「尊敬する某作家」が手を入れていた箇所は接続詞だけではありません。注意深く読まれた方は「語尾」と書かれていたことに気づかれたことでしょう。「語尾」というのは、ここでいう「文末」のことです。推敲の過程では、文頭の接続詞だけでなく、文末の接続詞の調整も重要なのです。

「文末接続詞」という、特異な概念を紹介しましたが、日本語には文末にも接続詞に相当する表現があるということを頭に入れ、文頭の接続詞だけでなく、文末表現にもぜひ強くなってください。

第八章　話し言葉の接続詞

第三章から第七章まで、さまざまな種類の接続詞について概観しました。しかし、そこで見たのは、書き言葉で使われる接続詞でした。たしかに接続詞というものは書き言葉で多く使われますが、話し言葉でよく使われるものもあります。

とくにやっかいなのが、話し言葉と書き言葉の接続詞の違いです。接続詞というのは文体差がとくに出やすいところで、話し言葉でしか使われない話し言葉専用の接続詞もありますし、書き言葉で使われる接続詞でも、話し言葉で使われると、その用法や機能が変わってくる場合もあります。

本章では、話し言葉の接続詞と、その使い方について検討します。

対話での接続詞はその場の空気を変える

対話というのは、相手が目のまえにいて話すことです。対話のもっとも大きな特徴は、自分も話し、相手も話すという相互交渉によって成立しているところです。

接続詞という品詞は、基本的に話の流れを話し手が管理しているときに現れるものです。ですから、対話では、基本的には接続詞があまり使われません。接続詞の多用は、話の流れを話し手が独占しているような印象を与えるため、相互交渉を前提とする対話では相手にたいして失礼になることが多いからです。

しかし、一方的に話しつづける相手にたいし、そろそろ自分の話したいことを話したいと思うこともあります。そのようなときは、話題を転換させるために、「ところで」のような転換の接続詞を使って、自分の話題を切りだします。

また、相手の一面的な評価にたいし、自分の考えを述べたくなることもあります。そのようなときは、「でも」などのような逆接の接続詞を使って相手の話をさえぎり、自分の率直な意見を表明することを予告します。

さらに、接続詞は、次の話をする推進力になる場合もあります。たとえば、「じゃあ」という接続詞は、「じゃあ、行ってくるね」「じゃあ、会議を始めます」「じゃあ、次いくぞ」「じゃあ、終わります」などと使います。「じゃあ」は行動が新たな段階に移ることを予告する接続詞ですが、これらの例ではいずれも、「じゃあ」をつけないと、次の話や行動に移れない感じがします。先ほど挙げた「でも」の例でも、会議の場で、すでに出た発言と対立する意見を言うときには、「でも」をあいだにはさみ、その勢いを借りないと、次の言葉が出てきません。

このように、対話で使われる接続詞は、その場の空気を転換させ、話し手が主導権を握るために欠かせないものです。

しかし、接続詞を使ってその場の空気を変えることには、ある種のリスクを伴います。ここでは、それを四つに分けて示しましょう。

対話での使用のリスク①——相手の発話権を奪う

第一のリスクは、話している相手の発話権を奪うことで、気持ちよく話している人の気分を害するというものです。「というか」「ていうか」「つうか」「てか」などは、「別の言い方をすると」という「むしろ」系の接続詞で、発話権を交替させたいときによく使います。しかし、話しているがわの気持ちとしては、話している途中で聞き手に割って入られることはけっして気持ちのよいものではありません。とくに、相づちを期待しているタイミングで発話権を奪取されてしまったときは、話し手が機嫌を損ねてしまうこともあるでしょう。

次の例の「てか」は、相手に共感を示しているものなので問題はありません。

「今日バイト先でさ、主任に大量のコピーを頼まれたかと思ったら、課長にすぐにお茶入れろって言われてさ」

「てか、自分でやれって感じだよね」

ところが、

「今日バイト先でさ、主任に大量のコピーを頼まれたかと思ったら、課長にすぐにお茶入れろって言われてさ」

「てか、この部屋、暑くない？」

と言われたら、話し手は、私のグチを真剣に聞いてよ、という気持ちになるのではないでしょうか。「てか」が口癖になっている人は、相手の話の腰を折って、相手を不愉快な気分にしていないか、気をつけてみる必要があります。

対話での使用のリスク②——言い方を訂正して気分を逆なでする

接続詞によって場の空気を変える第二のリスクは、話し手の示した言い方を訂正することで、話し手の気分を逆なでするというものです。先ほど示した「というか」「ていうか」「つうか」「てか」などの「むしろ」系の接続詞もそうですし、「つまり」「ようするに」「ようは」などの「つまり」系の接続詞もそうしたおそれがあります。これらに共通して見られるのは、相手が口にした表現をそのまま受けいれず、それにわざわざ解釈を加えて言い換えるという操作を加えている点です。

話しているがわの立場からすると、こうした換言の接続詞によって、自分の発話が別の表現で言い換えられたということは、話し手自身の言葉では意図することが聞き手に充分には伝わらないと暗に指摘されたことを意味します。聞き手としては親切のつもりで端的な表現に言い換えてあげたのかもしれませんが、話し手にとってはプライドが傷つく、かなりショックなこともあるでしょう。さらに、聞き手によって言い換えられた内容が、書き手の意図したことと違う誤解や飛躍を含む場合もあり、その意味でもあまりコミュニケーション上よい結果を生みません。次例では、換言の接続詞を避け、質問文にすれば語調が和らぎます。

「私がやればお金はかからないけど、業者に出すと最低五万はかかる作業だよ」
「ようは、お金がほしいってことね」
「違うよ。そんなつもりでいったんじゃないよ」

対話での使用のリスク③――逆接の使用で無用な対立を生む

接続詞によって場の空気を変える第三のリスクは、接続詞の使用が無用な対立を生むというものです。

大事なことについて自分の意見を表明することは、けっして悪いことではありません。ですが、さほど重要ではない話題についても話し手の発言に異を唱え、とにかく自分の意見を語りたがる人は相手を疲れさせてしまいます。

文化による程度差はありますが、基本的にはどのような文化圏でも、対話の基本は、共感と同調です。「でも」や「けど」などの逆接の接続詞の使いすぎは、相手との対立をきわだたせることになります。会議などの議論の場では譲らずに食いさがる姿勢も必要ですが、雑談のなかでは「おやっ」と思っても、「でも」や「けど」を飲みこんだほうが、相手との関係もよくなりますし、相手の話をさえぎらないことで思わぬ話へと展開していくこともあります。「でも」や「けど」はその展開をさえぎってしまうのです。

「この店のトンカツ、超おいしい。衣がサクッとして、なかのお肉がジューシーで」

「でも、私、もっとおいしいトンカツ、食べたことがあるよ」

対話での使用のリスク④――自己正当化を目立たせる

接続詞を使うことで場の空気を変える第四のリスクは、接続詞による自己正当化です。たとえば、対話で使われる「だから」は、自己を正当化する機能を帯びやすい接続詞です。

接続詞「だから」は、本来、自己の主張（「だから」のあとにくる内容）の正当性を示すために、その根拠となる事柄（「だから」のまえにくる内容）を選び、その根拠から導かれる帰結を、因果関係を下敷きにして示す働きがあります。それが、話し言葉で使われると、書き言葉で「だから」の因果関係を示す働きが薄れ、自己の主張の正当化ばかりが目立つことがあります。

次の例は、母の忠告に従わなかった子を責める場面での対話です。

「お母さん。帰る途中で雨に降られて、服も靴もびしょびしょになっちゃった」

「だから、朝、カサを持っていきなさいって、あれほど言ったでしょ」

また、次の例は、お皿を割った過失を責められて、抗弁している場面での対話です。

「ごめん、お皿割っちゃった」
「あー、これ、お母さんが大切にしてたお皿よ。どうしてくれるの」
「だから、ごめんって謝ってるじゃん」

この二つの例は、一見異なるように見えますが、話し手が聞き手に一度伝えたことに再度注意を向けるように要求している点、聞き手の理解力不足を責めるようなニュアンスを持っている点は共通しています。その背後にあるのは、自己正当化の姿勢です。

雨に降られたという対話では、子どもは「そんなこと、言われなくてもわかってるよ」とむくれたくなるでしょうし、お皿を割ったという対話では、母は「割ったあなたが悪いのに、開きなおらないでよ」と言いかえしたくなります。自己を正当化する「だから」は、他者の問題点を間接的に指摘することになるので、その場の空気を険悪にするのです。

自己を正当化する接続詞でもう一つ気をつけたいのが「だって」です。「だって〜だもん」という形で子どもが言い訳に使ったりもします。「だって」は、自己を正当化するために理由を選んできて言うという性格があるため、とってつけたような理由になりがちです。

「こんなことになるまえに、なんでもっと早く言わなかったんだ」

「だって、あなたに言っても仕方ないと思ったんだもの」

よく使う接続詞で隠れた性格がわかる

対話でどのような接続詞を選ぶかは、人によってかなり違います。周囲の人がどのような接続詞を好んで使うかを観察することで、その人の性格を占うことも不可能ではありません。その人のよく使う接続詞がわかれば、その人の隠れた性格もわかるのです。

「てか」を好んで使う人は、すぐに新しい話題に移りたがる飽きっぽい人かもしれませんし、「ようするに」が口癖の人は、結論を急ぎたがるせっかちな人なのかもしれません。「でも」をよく使う人は、他人の言うことを素直に受けいれるのが苦手な頑固な人である可能性があります。「だから」を使いたがる人は、自分の主張を人に押しつけたがる押しの強い人かもしれませんし、「だって」を好む人は、言い訳が癖になっている、自己防衛本能が強い人かもしれません。

もちろん、現実にはけっして悪い面ばかりではないでしょう。「てか」好きな人には機転の利く、話していて楽しい人が多いでしょうし、「ようするに」を好む人は話の本質を的確にとらえる力に長けている人が多そうです。「でも」の使い手は思考の進め方が慎重で賢そうな感じがし、「だから」の使い手は面倒見のよい世話好きな人の印象があります。「だって」をよく使うのは人に言葉を伝えたいという意識のひときわ強い人でしょう。ポジティブな面、ネガティブな面、両面あると思いますが、自分がどのような接続詞を好んで使うかを内省してみることは、自分の性格やコミュニケーションのタイプを冷静に振り返るのに役立ちます。

ちなみに、私がよく使う接続詞を妻に訊いてみたところ「つまり」だと言われました。どうも、やたらにもっともらしい解釈を加え、うんちくを傾けたがるタイプのようです。その意味で、私の職業選択はどうやら間違っていなかったみたいです。

独話では使いすぎに注意

独話というのは、講義や講演、スピーチなど、話し手に話す権利が与えられていて、多数の聞き手にむかって一方向的に話すことです。独話は、基本的に話の流れを話し手が管理することが許されていますし、書き言葉とちがって推敲によって削られることもありませんので、接続詞が過剰に使用される傾向があります。以前大学の講義で調べたときは、話し手にもよるのですが、平均すると三文に一文強、接続詞がつけられていました（石黒圭「講義の談話の接続表現」巻末の主要参考文献の西條〔二〇〇七〕所収）。書き言葉のおよそ二〜三倍と考えてよい数字です。

なかでも、全体の半分近くを占めるのが「で」です。講義や講演を聞く機会があって、その話が退屈なとき、一度「で」の数を数えてみるとよいでしょう。その量の多さに圧倒されるはずです。

なぜ「で」が多く使われるかというと、独話というのは、対話とは違って、基本的に話す内容があらかじめ準備されているからです。話し手は、ときには脱線しながらも、準備してきた話の本筋に従って話をしようとします。「で」は、話の本筋を意識し、それをなぞっているときに現れる接続詞で、次の話を導きだす推進力になります。ですから、即興的に話す対話では少なく、話すのに準備を必要とする独話で多いのです。

「えーと」「あのー」「まあ」など、表現内容や表現方法を考えている時間を埋めるために出るフィラーと呼ばれる語群があります。「で」は、そうしたフィラーと重なって、次に述べる情報の質を教えてくれます。「で、えーと」と来れば新しい話題が始まる、「で、あのー」と来ればそれまでの話の一応の結論が来る、という呼吸です。

「で、えーと」と来れば新しい話題が始まる、

「で」にかぎらず、独話の接続詞は話の流れを教えてくれる重要な指標です。話し言葉は文字と違って目に見える形では残りませんので、その場その場で大切な情報を的確に聞きわけなければなりません。接続詞は文頭にあって、これから述べる情報の性質を予告してくれるものですから、読みなおしのきく書き言葉以上に、理解のさいに依存していると予想できます。そうすると、口頭によるプレゼンテーションの基本の一つに、洗練された接続詞の使用があると考えて間違いはないでしょう。

とはいえ、一つの接続詞への偏った使用は、話の構造をかえってわかりにくくします。話していているときは、書いているときと違って推敲がきかないだけに、異なるタイプの接続詞を意識して使いわけるようにしないと、話が平板になり、話の全体構造がとらえにくくなる原因になります。たとえば、講義で言うと、「で」のほか、「そして」「それから」のような添加の接続詞が多いので、「つまり」「だから」「ところが」「では」などを適宜織りまぜて、講義の展開が単調にならないように気を配ることが大切です。

話し言葉的メディアで好まれる短めの接続詞

近年、急速なIT化の流れのなかで、携帯メールやブログ、ミクシィといったメディアが日常的なコミュニケーションのなかで重要な位置を占めるようになりました。そうしたなかでよく使われるのが、歯切れのよさを感じさせる短めの接続詞です。具体的には、「なので」「なのに」「が」「と」「で」「てか」「って」などがよく使われます。これらの接続詞のなかには、形を示されただけでは、用法のイメージが湧きにくいものもあるでしょうから、以下に例を示しておきます。

・朝から会社訪問でぐったり。なので、駅前で友人と待ち合わせてスタバに直行。
・彼とはいつも一緒いるのよ。なのに、あたしの気持ち、ぜんぜんわかってくれないの。
・今日は服を買おうと思って新宿へ。が、気が変わって、映画館に入ってみた。
・まなみがイスに座ってケーキを食べはじめたの。と、突然、テーブルのうえの携帯が鳴ってさ。
・今日バス停でばったり中学時代の同級生に会った。で、一緒にすしを食いに行った。

・今日の部活、きつかったなあ。てか、マジで死ぬかと思った。
・これまでありがとう。これからもがんばってね。って、それで終わりかよ。

「が！」のように、一文まるまる接続詞というものもあります。テレビのバラエティ番組でもしばしば見かける手法です。

　こうした短めの接続詞は、口調を頭のなかで再現しやすいので、話し言葉的なメディアにはぴったりなのだと思います。最近では、硬めのジャンルにもこうした接続詞をときおり見かけるようになりました。ただ、書き言葉の読者は保守的なものです。音声を再生させるイメージの強い接続詞の拡張的な使用は、読者に抵抗感を抱かれるおそれもありますので、注意が必要でしょう。

　いっぽう、口調を再現しやすくするという点では、類似の要素の繰り返しというのもリズムがよく、話し言葉的なメディアで好まれます。「さてさて」「そうそう」「はたまた」「はてさて」「またまた」「ではでは」などがその例です。

　以上見てきたように、論理重視の書き言葉の接続詞にたいし、話し言葉の接続詞は感性重視が特徴です。計画的な構成意識に乏しく、即興的なノリで使われがちです。そのため、その選択に慎重さを欠く場合が多く、話し手の性格や感情が無意識のうちに聞き手にダイレクトに伝わってしまいます。その一方で、書き言葉とは違って自分が使っている接続詞を目にする機会もなく、知らず知らずのうちに口癖として定着してしまっているケースも少なくありません。自分が普段どのような話し方をしているのか、一度自己点検してみることをお勧めします。

第九章　接続詞のさじ加減

文章のジャンル別使用頻度

日本語の文章では、接続詞はどのぐらいの頻度で使われていると思いますか。私は学生によくそうした質問をします。日本人学生は三〜四割、留学生は二〜三割と答えることが多いのですが、実際には平均すると一〇%台のものが中心です。留学生のほうが実態をよく見ぬいているというのがおもしろいところです。外国語のほうが、より正確に意識化・対象化される傾向があります。

また、どんな接続詞を使うことが多いですかと訊くと、接続詞に関心のある人でも戸惑うことが多いようです。調査する母集団にもよるでしょうが、手元にある資料で文頭の接続詞の頻度について上位五位までをジャンル別に挙げると、新聞が「しかし」「また」「だが」「一方」「さらに」、小説が「しかし」「そして」「それで」「だが」「でも」、講義では「で」「それから」「そして」「つまり」「だから」です。（筆者注…最新のデータは、石黒圭ほか（二〇〇九）「接続表現のジャンル別出現頻度について」『一橋大学留学生センター紀要』一二をご参照ください。本文は、一橋大学図書館のウェブサイトで閲覧可能です。）

ここからわかることは、文章のジャンルによって頻度が異なるということです。新聞は、事件や事故を伝える面と論調を伝える面がありますので、整理の接続詞と逆接の接続詞が中心です。小説は、時系列的な展開を中心とし、逆接の接続詞によって意外感を示します。新聞も小説も逆接の接続詞が多いのは、逆接の接続詞は省略されにくい接続詞だからです。ちなみに、小説の第六位は時間的展開を表す「それから」、第七位は登場人物の視点と関わる「すると」です。講義は複雑な内容を箇条書き的にまとめていきますので、整理の接続詞が中心で、論理の接続詞がそこに混じります。

使わないほうがよい文がある

日本語の接続詞には以上のような傾向があるわけですが、それを踏まえて、具体的にどんな接続詞をどんなところにつけたらよいかは、第十章「接続詞の戦略的使用」で説明します。ここでは、その前段階として、接続詞をつけないほうがよい文について検討しましょう。

本書の性格上、接続詞のある文につねに着目し、その接続詞の役割や効果などを論じてきたので、接続詞の豊富な文章がすばらしい文章だという印象を持たれたかもしれません。しかし、ここで強調しておきたいのは、接続詞が多ければよいわけではないということです。

読み手のがわに立つと、いつも接続詞があったほうがよいわけではないということにすぐに気づきます。書き手の都合だけでつけられ、読み手の立場への配慮を欠いた接続詞は、理解を促進するどころか、理解を困難にする要因になりかねません。小説やエッセイはもちろんのこと、論文やレポートでさえ、接続詞をつけないほうがよい場合が少なくありません。

接続詞をつけることによって起こる弊害は五つあります。

①文間の距離が近くなりすぎる
②まちがった癒着を生じさせる
③文章の自然な流れをブツブツ切る
④書き手の解釈を押しつける
⑤後続文脈の理解を阻害する

この五つの弊害がきちんと理解できれば、なくても済む接続詞や、あるとかえって誤解を招くような余計な接続詞をつけることが少なくなり、接続詞の適切な「さじ加減」ができるようになります。

以下、この①〜⑤について、順に見ていくことにしましょう。

接続詞の弊害①——文間の距離が近くなりすぎる

まず、文間の距離が近くなりすぎる場合から見ます。ここで押さえておきたいのは、接続詞は「ないのが普通。あるのが特別」ということです。

文章理解を車の運転にたとえると、接続詞は前方車両のウィンカーやブレーキランプのようなものです。運転をしているとき、曲がりもしないのにウィンカーをつけていたり、停まりもしないのにずっとブレーキランプを点灯させて走っている車があると、気になって仕方がないと思います。いつ本当に曲がるのか、いつ本当に停まるのか、わからないからです。接続詞がすべての文についている文章も、同じような印象を与えます。接続詞は、本当に曲がるとき、本当に停まるときだけつければよいのです。

そもそも接続詞のつかない文は多いものです。以下の文章を読んで、②～⑥の直前にどんな接続詞が入るか考えてみてください。

①かつて私が働いていたテレビ局に豪快な上司がいた。②酒とウナギが大好きだった。③有名な赤坂のウナギ割烹《かっぽう》店をこよなく愛していた。④要人との会合ではこの店をよく使った。⑤外国からのえらい人もこの店に連れてゆくことを好んだ。⑥「せっかく日本

に来たのに、こんなうまいものを食べさせないで帰せるか」というサービス精神からだった。

（廣淵升彦「禁酒の国の赤ワイン」『片手の音』）

すぐにおわかりになったかと思いますが、どの文にもつけにくいのです。しいていえば、③の直前に「そして」か「とくに」をつけられそうなくらいなものでしょうか。なぜ接続詞がつけにくいのか考えますと、①で導入された「上司」が⑤まで話題の中心として継続されるきわめて動きのない文なのです。また、文どうしの意味的な距離が近く、連用形で簡単に一文にできる内容です。

かつて私が働いていたテレビ局に豪快な上司がいた。酒とウナギが大好きで、有名な赤坂のウナギ割烹《かっぽう》店をこよなく愛し、要人との会合ではこの店をよく使い、外国からのえらい人もこの店に連れてゆくことを好んだ。

もし文として切るなら、「……こよなく愛し、要人との会合……」の部分の「こよなく愛していた。」とするところでしょう。ここだけは若干接続詞が入りやすくなっています。

接続詞の弊害②――間違った癒着を生じさせる

接続詞があると、前後の文の関係が意識され、意味的に範囲を指定されたある部分とある部分が強く結びつくことになります。それが、かえって文章を読みにくくすることがあります。たとえば、次のような例です。

パンダは一九七二年、日中国交正常化の記念として上野動物園に中国から二頭寄贈された。その結果、その愛くるしい姿が女性や子どもを魅了し、空前のパンダ・ブームが起こった。

とくに、おかしなところはないのですが、何となく読みにくい気がします。というのは、「その結果」は本来文末の「空前のパンダ・ブームが起こった」にかかっていくべきものなのに、「その愛くるしい姿が女性や子どもを魅了し」と癒着を起こしてしまうのです。「その結果」をなくすか、次例のように、「空前のパンダ・ブームが起こった」の直前に移動させれば、そうした読みにくさはなくなります。

パンダは一九七二年、日中国交正常化の記念として上野動物園に中国から二頭寄贈された。その愛くるしい姿が女性や子どもを魅了し、その結果、空前のパンダ・ブームが起こった。

また、以下の文章において、②、③、④の直前に適当な接続詞を入れてくださいと言われても困るのではないでしょうか。

①行内随一の読書家だった有能な銀行マンに、ある日眼の異変が生じた。②網膜剝離で片眼の失明はまぬがれまいと診断されたときの深い絶望。③長期にわたる療養ののち、出勤した彼は机が窓側に移されていることを知る。④部下のいない部長職をしばらく楽しんだ末に、定年をかなり残して銀行を去ることを決意する。

（井出孫六「点字文学百選」『片手の音』）

じつは、②〜④は、接続助詞こそ使われていないものの、いずれも文の途中で折れ曲がっています。②では、「診断された」という事実で終わらないで、「ときの深い絶望」という感情が付加されています。③は長期にわたる療養生活を乗りこえたというプラスの面と、机が窓ぎわに追いやられているというマイナス面が交錯します。④も同様で、部下のいない部長職を楽しむというプラス面のあとに、定年を残して去る決意というマイナス面が出てきます。

こうした文の流れで接続詞をつけると、接続詞がどことどこを結びつけているのかがわからず、かえって混乱を招きます。先ほどの車の運転のたとえでいうと、五叉路のような複雑な交差点でウィンカーを出すのに似ているかもしれません。ウィンカーを出すと、かえって後続車や対向車の誤解を招きかねません。

接続助詞のような指標がない状態で意味的に折れ曲がった文が出てくると、それをつなぐ適当な接続詞は想定しにくくなります。このような場合は接続詞をあえてつけず、それぞれの文を独立させておくにかぎります。

さきほど、文間の距離が近すぎると接続詞が入れにくいという話をしましたが、文間の距離が遠すぎても接続詞は入れにくいものです。次の引用はやや長いのですが、②、③、④の各段落の冒頭に接続詞が入るかどうか考えてみてください。

①この会見全体を通じて、私はカダフィがけっして「狂犬」などではなく、非常に慎重で、繊細な気配りをする人であり、全体を冷静に見ることができる男だという印象を受けた。アラファトのような二枚舌は使わず、フセインのような愚かな強がりも言わず、国家国民およびみずからの安全を常に考えているリーダーだと思った。しかしこの日から五年後に、彼はレーガン大統領の怒りを買い、アメリカ軍の空爆によってあやうく一命を落としそうになった。彼は明らかにレーガンの真意を読み誤り、越えてはならぬ一線を越えたのだ。

②この教訓がよほど身にしみたのだろう。それ以後の彼は、けっして冒険はしなかった。

③二〇〇三年の十二月、リビアが核兵器、生物化学兵器の開発を全面的に中止し、国際査察を無条件に受け入れるというニュースが世界を驚かせた。米英の文句なしの外交的勝利であった。これがイラン、シリア、北朝鮮に与えた衝撃ははかりしれない。

④こうしたことのすべては、二十数年前のあの四月の夜にさかのぼることができると私は思っている。極度の緊張感に耐えながら、必死で正確な通訳に徹した老教授の額の汗を拭うほどの気配りの男が、米英相手に負けると分かっている喧嘩をするわけがない

のだ。

（廣淵升彦「禁酒の国の赤ワイン」『片手の音』）

②と④は、「しかし」のような逆接の接続詞を入れることができるのですが、③はどうしても入れられません。③は起承転結の「転」の役割を果たしているからです。話題を変更するときには、「さて」「ところで」といった接続詞を入れることはできるのですが、入れる場合は、文章構成上のある意図をもって入れます。話題を転換する場合もまた、入れないのが普通です。文間の距離は近すぎても遠すぎても接続詞は入れないのが原則であるということは憶えておいてよいことだと思います。

接続詞の弊害③——文章の自然な流れをブツブツ切る

文芸作品の場合、美的意識から接続詞を入れない場合があります。以下の文章は、坂口安吾『桜の森の満開の下』（講談社文芸文庫）からの引用で、主人公の盗賊が、鬼に姿を変えてしまった愛する女の首を絞め、殺してしまったあと、我に返る場面です。文末が「た」で統一された短文の、たたみかけるような繰り返しが鮮やかです。

彼は女をゆさぶりました。呼びました。抱きました。徒労《とろう》でした。彼はワッと泣きふしました。

これがもし、以下のように、それぞれの文に接続詞がついていたらどうでしょう。

彼は女をゆさぶりました。それから、呼びました。そして、抱きました。しかし、徒労でした。結局、彼はワッと泣きふしました。

原文が持っていた文章の流れをブツブツ切ることになってしまい、原文のリズムがだいなしです。接続詞は、文章の流れを一旦切断し、それをあらためてつなぎあわせる働きを持っています。文章の流れを切りたくないときに接続詞を使わないというのは鉄則です。

接続詞の弊害④――書き手の解釈を押しつける

一般に小説家は接続詞を嫌います。いろいろ理由はあるでしょうが、接続詞というものはすでに書き手が頭のなかに持っている枠に現実の事態の関係を当てはめることですので、小説のなかで重要な役割を担う描写をとぎすませばとぎすますほど、接続詞は不要という考え方に傾いていくのでしょう。また、小説は表現の可能性を広げるジャンルですので、決まった理解をされるような表現技法を嫌います。文間に余韻が漂うくらいがちょうどよいのです。たとえば、谷崎潤一郎は『文章讀本』（中公文庫）のなかで次のように述べています。

現代の口語文が古典文に比べて品位に乏しく、優雅な味わいに缺けている重大な理由の一つは、この「間隙を置く」、「穴を開ける」と云うことを、当世の人たちがあえて為し得ないせいであります。彼等は文法的の構造や論理の整頓と云うことに囚われ、叙述を理詰めに運ぼうとする結果、句と句の間、センテンスとセンテンスとの間が意味の上で繋がっていないと承知が出来ない。即ち私が今括弧に入れて補ったように、あゝ云う穴を全部塡《うず》めてしまわないと不安を覚える。ですから、「しかし」とか、「けれども」とか、「だが」とか、「そうして」とか、「にも拘らず」とか、「そのために」とか、「そう云うわけで」とか云うような無駄な穴塡めの言葉が多くなり、それだけ重厚味が減殺されるのであります。

『文章讀本』のなかで「含蓄」を説きつづけた谷崎らしい言葉だと思います。たしかに接続詞は文間の関係を制限し、すきまを埋める働きをします。読み手の創造的理解を重視する小説家が、こうした発言をするのはごく自然なことです。

現実には、接続詞をどんなに削っても、文章として成立させるためにはどうしても排除できない場合もありますし、接続詞がないと読み手の負担が大きくなるのも事実です。ただ、接続詞があまりにも多く出てくると、書き手の解釈の押しつけのような印象を与えるので、過度の使用は控えたほうがよいでしょう。

接続詞をつけないと、書き手の解釈を入れずに、事実だけを伝えることができます。たとえば、次の文には、書き手の価値判断が含まれていません。

私は毎日懸命に練習して大会に臨んだ。二十人中四位になった。

一方、「だから」のついているものは、期待どおりの上位入賞であり、「しかし」のついているものは、優勝（または三位以内）を狙っていたけれども、それがかなわなくて残念だという書き手の主観が含まれています。

・私は毎日懸命に練習して大会に臨んだ。だから、二十人中四位になった。
・私は毎日懸命に練習して大会に臨んだ。しかし、二十人中四位になった。

このように、接続詞をつけるということは、書き手が顔を見せ、書き手の解釈が入るということです。ですから、できるだけ事実に忠実に客観的に書きたいとき、前後の関係を限定したくないときは接続詞をつけないほうが賢明です。
接続詞はつけないのが普通で、つけると読み手の理解に大きな影響を及ぼすので、つけるかどうかは慎重に吟味することをお勧めします。

接続詞の弊害⑤——後続文脈の理解を阻害する

接続詞は、本来、後続文脈の展開の方向性を制限し、後続文脈の内容を理解しやすくするためにあるはずです。しかし、現実にはかえって読み手の理解の阻害要因として働くことがあります。その場合、接続詞によって制限された展開の方向性と、現実に示された後続文脈の内容とのズレに起因することが大半です。

次の「しかも」を含む二つの文章はどちらがわかりやすいでしょうか。

・今朝も朝から雨が降っている。しかも、風がかなり強い。

・今朝も朝からよく晴れている。しかも、風がかなり強い。

おそらく、ほとんどの人が前者、「雨」と「風」のほうを選ぶと思います。天気が悪いという点で共通しており、「外出するのが大変だ」といった文脈が想定しやすいからです。一方、後者、「晴れ」と「風」のほうは理解しにくく感じられます。「晴れ」は好天を表すのに、「風」は悪天候を表すからです。

しかし、「晴れ」と「風」のほうも、それにふさわしい文脈を与えてやると、筋が通ります。たとえば、この文章の書き手が花粉症で悩んでいる場合です。本州では二月から四月にかけて、晴れて暖かい日は杉の花粉が飛散しやすくなります。それに、強い風が加わると、花粉症患者にとっては最悪の条件がそろいます。その場合、並列の接続詞「しかも」が自然になるのです。

私たちが書き手としてやってしまいがちなことは、読み手が、書き手と同じ文脈でその接続詞を理解するであろうという勝手な思い込みです。読み手は、書き手と同じ文脈で理解してくれるとはかぎりません。書き手と読み手の文脈が異なった場合、そこで使われる接続詞は、理解を促進するかわりに、理解を阻害する要因として働きます。

接続詞を使うさいには、書き手と読み手が同じ文脈で理解できるように表現を調整するということが、誤解を生まない接続詞使用のための重要なポイントになります。

第十章　接続詞の戦略的使用

「接続詞のあいだを文で埋める」と考えてみる

前章では、接続詞をつけることの難しさについて考えました。では、実際に書くときに接続詞をどのようにつけていったらよいのでしょうか。

私たちは文章を書くとき、書くべき内容が先にあって、そのあいだを接続詞で埋めていくものだという漠然とした先入観を抱きがちです。しかし、逆の考え方はできないでしょうか。接続詞が先にあって、接続詞のあいだを文で埋めていくという発想です。そうした発想のできる人が書く文章は、文章の骨組みがしっかりしているので、読んでいて非常に読みやすいのです。

次の文章は、北村文・阿部真大『合コンの社会学』（光文社新書）からの引用で、「合コンの魅力のひとつは、その確実性にある。いいなと思った人が既婚者であったり、彼氏／彼女がいたり、あるいはセックス目当てだったりした経験をもつ私たちが、そうしたことのなさそうな場に賭けるようになるのは当然だろう。ただ知りあうだけではなくて、確かな出逢いを求めて、合コンに行く。」という段落に続く部分です。

最初の文は全文を、残りの文は、段落冒頭の接続詞だけを示します。接続詞のあとの「……」の部分に入る内容を自分なりに想像してみてください。

しかし、もっと確実に出逢える場所は他にたくさんある。

特に……

あるいは……

しかし……

そのため……

いっぽう……


「……」の部分の内容は想像できましたか。つぎに、段落冒頭の一文を示します。その段落全体の内容を想像しながら読んでみてください。


しかし、もっと確実に出逢える場所は他にたくさんある。

特に結婚を考えるのなら、そうした状況にある者どうしを結んでくれる場に向かうのが得策に思える。……

あるいはインターネット上のデート・サービスならば、第三者を介することなく相手を検索することができる。……

しかしこうしたサービス化された出逢いに含まれるリスクの高さこそが、もうひとつの合コンの魅力となっている。……

そのため、こうしたサービスの利用者は、対価として得られるものに相応の期待を寄せることとなる。……

いっぽうネット上では、あくまでもヴァーチャルな出逢いが繰り広げられるわけだから、実際に会ってみるまで、時には会ってからも、相手に関する情報の信憑性がきわめて低い。……

ここまで示せば、文章全体を読まなくても、書かれているおおよその内容がわかるでしょう。念のため、全文を紹介しておきますので、内容を確認してみてください。

しかし、もっと確実に出逢える場所は他にたくさんある。

特に結婚を考えるのなら、そうした状況にある者どうしを結んでくれる場に向かうのが得策に思える。たしかに、職場の上司や近所のおばさんが相手を紹介してくれる時代は終わったかもしれない。しかしその穴は資本主義がきちんと埋めていて、結婚情報サービスは晩婚化の波のなか隆盛を見せている。巨大なデータベースを用いたマッチング・サービス、お見合いパーティーの定期的開催、さらには外見や性格に対するアドバイス、親を対象とした会合や講座まで、周到に出逢いのチャンスが提供される。

あるいはインターネット上のデート・サービスならば、第三者を介すことなく相手を検索することができる。そこには、二万とも三万ともいわれる利用者がいて、そのなかから一〇人でも一〇〇人でも、一括してメッセージを送ることができるのだから、これほど効率的なことはない。確実性だけをつきつめれば、合コンに行くよりもずっといい気がする。

しかしこうしたサービス化された出逢いに含まれるリスクの高さこそが、もうひとつの合コンの魅力となっている。特に結婚紹介サービスには、金銭的リスクがともなう。一〇万円を超すこともある入会金、さらにその後に頻発するコストを考えると、手軽な方法だとは決して言えない――「それだけ真剣に結婚を考えているという意思表示になる」などという企業側のレトリックはさておき。

そのため、こうしたサービスの利用者は、対価として得られるものに相応の期待を寄せることとなる。大手企業が新聞雑誌の広告に載せるような成功のストーリーが、自分にも訪れなければならないと思っている。合コンなどとは比べものにならない期待をもって出逢いに臨むわけだから、当然、現実への落胆もより大きくなるだろう。実際のところ、そうした失望が少なくないことは、近年、結婚情報サービスに関するトラブル件数の急増として現れてもいる。

いっぽうネット上では、あくまでもヴァーチャルな出逢いが繰り広げられるわけだから、実際に会ってみるまで、時には会ってからも、相手に関する情報の信憑性がきわめて低い。騙されるリスク、そして結婚詐欺やレイプなどの犯罪の可能性が、効率のよさの裏にはある。もちろん合コンにも「当たり外れ」はあり、幹事が責められたりもするわけだが、しかし無駄になるお金と時間の量的差異、そして互いに身元が知れているという安全を考えれば、合コンの低リスク性は明らかである。

欧米由来の作文技術であるテクニカル・ライティングでは、①段落（パラグラフ）が重要であり、段落は一つの話題について一つの考えを述べるものであること、②段落のなかには、その段落の内容を端的に述べる中心文（トピック・センテンス）を一文含むこと、③書き手の言いたい内容は先に述べるように心がけ、中心文は原則として段落の冒頭に置くこと、という三点が重視されます。

紹介した文章では、①～③がほぼ実践され、なおかつ段落冒頭の中心文には、その要旨の流れを示すように接続詞がつけられています。

私たちが文章を書こうとするとき、頭のなかには漠然とした考えがあります。しかし、その考えを直接紙のうえに記そうとしても、うまくいかないことが多いのが現実です。なぜうまくいかないかというと、頭のなかの考えが、文章として実際に紙のうえに書ける段階にまで整理されていないからです。

うまく文字にできるようにするためには、まず文章のアウトラインが明確であることが条件です。そのためには、核となる情報があり、その情報相互の関係が明確である必要があります。先ほどの文章でいうと、おそらく次のようなアウトラインがあったと推測されます。

合コンの魅力は、その確実性にある

←しかし

合コン以外にも出逢える場所はある

←特に
結婚を考えるなら、結婚情報サービスもある
←あるいは
ネット上のデート・サービスもある
←しかし
そうしたサービスはリスクが高い（とくに、結婚紹介サービスは金銭的リスクを伴う）
←そのため
結婚情報サービスは対価のぶん期待も高い
←いっぽう
ネット上のデート・サービスは情報の信憑性が低い

こうしたアウトラインを背景にして書かれているため、文章全体の最後の文「無駄になるお金と時間の量的差異、そして互いに身元が知れているという安全を考えれば、合コンの低リスク性は明らかである。」に文章全体がうまく収斂していくわけです。このような流れが

頭のなかにあれば、文章は書けます。あとは、それを段落の冒頭に文の形で提示し、その文の内容を同じ段落の後続文で補っていけばよいのです。

こうしたパターンが万能かどうかは議論の分かれるところでしょう。しかし、少なくとも文章を書くのが苦手な人にとっては参考になる型です。この型をきちんと身につけられれば有力な武器になります。書き手が書いている内容を読み手に明示的に伝えることが求められる論文やレポートには必須の技術でしょう。

従来のテクニカル・ライティングでは、すでに示した①〜③の段落構成にかんしてはよく議論されるのですが、接続詞の重要性についてはあまり注目されてこなかったようです。しかし、段落内部の構成だけでなく、段落相互の関係について接続詞という観点から検討することは、説得力のある文章を書くという面から考えて、見落としてはならない点だと思います。

二重使用という戦略

ここでは、これまで接続詞でほとんど注目されてこなかった二重使用という戦略について紹介しましょう。二重使用というのは、「しかし、それでも」のように接続詞が連続して使われるものです。とくに、講義や講演などのような、一方向的に話を伝える独話によく出てきます。

一方、書き言葉では、推敲段階で削られることが多いのですが、以下に述べる三つの場合に、あえて二重使用をおこなうことがあります。

第一は、似たような意味の接続詞を重ねて、その接続詞をとくに目立たせたい場合です。似たような意味の接続詞を重ねるとき、比較的意味の広い接続詞を先に提示しておいて、それから意味を限定する接続詞を並べるという手法を採ります。たとえば、「しかし、だからといって」という組み合わせはありますが、「だからといって、しかし」という組み合わせはありません。「だからといって」のほうが、後続文脈の限定性の強い接続詞だからです。

国民も現在の医療が決してよいとは思っていない。医は仁術どころか算術と思われるほど、薬漬けや無駄な治療を行う医療機関がなきにしもあらずだ。しかし、だからといって株式会社の病院経営がよいとは、なかなか理解できない。国民の理解なしでは、この問題のさらなる前進は望めないのではないか。もっと理解するための説明がほしい。

(『毎日新聞』二〇〇三年四月九日朝刊)

また、二重使用を見ていると、どの接続詞が接続詞らしく、どの接続詞が副詞に近いかがわかります。「そして、また」「しかし、一方」のような組み合わせは、「そして」「しかし」といった接続詞らしい接続詞の意味を、「また」「一方」が補足しています。やはり、「また、そして」「一方、しかし」の語順にはなりません。次は「そして、また」の例で、アナン国連事務総長（当時）の広島でのメッセージです。

五九年前の今日、一発の原子爆弾が広島を破壊し、言葉では言い尽くせない苦しみを広島市民にもたらしました。その三日後、長崎市民も同じ運命に見舞われました。このようにして核兵器の恐ろしさが明らかになって以来、核兵器廃絶は国際社会の最優先課題となってきました。そして、また、国際連合は設立以来、核軍縮および核不拡散に向けてたゆまず努力を続けてまいりました。

（『毎日新聞』二〇〇四年八月六日夕刊）

第二は、かなり異なる意味の接続詞をあえて重ねて、文脈のとらえ方を複数の視点から提示したい場合です。第一章の「接続詞は論理的か」の節で述べたように、接続詞は、書き手が前後の文脈の関係をどうとらえたかという解釈の反映です。したがって、複数の解釈がある場合もあるわけです。二重使用は、その複数の解釈をあえて両方提示することで、読み手にその両様の解釈を味わってもらうことを可能にします。

次の例は、島崎藤村が『夜明け前』で「木曾」として描いた馬籠が、いわゆる「平成の大合併」で、長野県木曾郡から岐阜県中津川市に編入されたことについて問題提起をした文章です。

地域の運命は住民の意思で決めるのが地方自治だ。いくら郷土の大作家でも故人の藤村に投票権はない。その土地の伝統を作ってきた先祖も決定にかかわれないし、未来の住民も投票できはしない。しかし、だからこそ住民はそのご先祖や子孫に対しても重い責任を負っている。

（『毎日新聞』二〇〇五年二月八日朝刊）

ここでは、二重の前提が見られます。一つの前提は「故人や未来の住民は投票できないのだから、今回の投票はご先祖や子孫には無関係だ」という論理です。それに反旗を翻す接続詞として「しかし」が選ばれています。もう一つの前提は「故人や未来の住民が投票できない以上、今回の投票はご先祖や子孫にたいして重い責任を持つ」という論理です。その論理を強調するために「だからこそ」が選ばれています。逆接の接続詞「しかし」と順接の接続詞「だから」。本来は共存しないはずのものをあえて共存させることで、この文脈の背景となっている論理をあぶりだすことに成功しています。

第三は、文章の構造を明確にするために重ねる必要がある場合です。

文章というものは、外見上は一本の線からできていますが、その線は意味的にはかなり複雑に入り組んでいます。そうした入り組んだ意味を適切に理解するために、読み手は、接続詞の範囲を指定する機能を活かして理解を進めています。

接続詞が二重に使用された場合、指定する範囲が広いほうが前に、狭いほうが後ろに来ます。それによって、挿入句的になっている構造を明確にし、理解を円滑にするという方策がとられます。

次の例では、接続詞によって指定された範囲をカッコに入れて示しました。「しかし」の範囲は【　】で、「例えば」の範囲は［　］です。

現在まで多くの研究がされているが、確定的な結論は出ていない。しかし、【例えば「モーツァルトの音楽が脳の働きに影響を与えるという話もあり、」電波が脳の機能に影響を与えないという保証はない。】

このように、接続詞の二重使用は、一見、冗長で無駄に見えるのですが、①似た意味の接続詞を重ねることによる接続詞の意味の限定・補足、②異なる意味の接続詞を重ねることによる複数の解釈の提示、③指定する範囲の異なる接続詞を重ねることによる重層的構造の提示、という三つの大切な機能を担っていることがわかります。

漢字か平仮名か、読点は打つか

書き言葉の接続詞を考えるとき、避けて通れないのが表記の問題です。表記というのは言葉を書きあらわすときの文字や記号のことで、具体的には、漢字や仮名、句読点などが問題になります。接続詞の場合は、漢字にするか平仮名にするかという問題と、接続詞のあとに読点を打ったほうがよいか否かという二つのことを考える必要があります。

厳密な意味での正書法がない日本語は、どの文字を漢字にしてどの文字を平仮名にするかというのは、最終的には個人の判断に委ねられています。一般的な傾向としては、①かつて中国から渡ってきた漢語は漢字、日本で生まれた和語は平仮名、②実質的な意味が強いもの（名詞・動詞・形容詞など）は漢字、実質的な意味が希薄で文法的な機能を表すもの（助詞・助動詞など）は平仮名、③多くの人がどのように使っているのかという慣用、という三つの観点を斟酌《しんしゃく》して、漢字か仮名かの選択がおこなわれているようです。

私自身は②の観点を重視し、接続詞というのは実質的な意味が希薄で、もっぱら文法的な機能を表すものだと考え、平仮名で書くことを原則としています。ただし、二字漢語の接続詞は、漢字との結びつきが強く、仮名書きではわかりにくいので、①「一方」「実際」「結局」などと表記します。

私の原則を通すと、「ぎゃくに」「ようするに」「それにたいして」という表記になるので、友人からは、読みにくいと言われることもあります。反対に、「いっぽう」「じっさい」「けっきょく」という②の原則を徹底した表記も、最近の小説やエッセイを中心に見かけるようになりました。

①〜③のいずれを選ぶにしても、それらを折衷するにしても、日本語では正書法が確立していないわけですから、個々人の裁量で工夫して書けばよいでしょう。いずれかでないとダ

メということはないと思います。

ただ、社会に出ると、個人の資格としてではなく、企業や官公庁の一員として文章を書く機会も出てきます。そうしたときには新聞社や出版社が出している表記にかんするルールブックが参考になります。

漢字か平仮名かという選択とは別に、表記の面でもう一つ問題になるのが読点です。これも、私自身の好みになるのですが、文頭の接続詞にはかならず読点を打つことにしています。接続詞は先行文脈の内容を持ちこむものであり、接続詞だけで文相当の役割を果たしていると考えるからです。速読をしたときに、前後の文の関係がすぐにわかるので、実用的であるとも思います。

しかし、これもまた、書き手の個性によってかなり左右されます。接続詞の種類によってもジャンルによっても異なりますが、現実には五分五分か、やや読点を打たれるほうが多いという程度でしょう。ですから、読点を打つかどうかは文脈によって判断し、接続詞が接続する範囲の広いときや、文脈上とくに重要な働きをしているときだけ打つとしている人も多いようです。それはそれで一つの見識だと思います。

第十一章　接続詞と表現効果

漱石の作品に見る効果

論文やレポートなどの論理的な文章に接続詞が必要なことは言うまでもないでしょう。一方、小説家は接続詞を嫌う傾向があります。第九章で谷崎潤一郎の『文章讀本』を引き合いに出し、説明したとおりです。

ただ、実際の文章を見てみると、小説は他のジャンルの文章とくらべて、接続詞の割合がけっして低いわけではありません。低くないからこそ、ぎゃくに削るべきだという議論も出てくるのでしょう。

しかも、小説に使われている文学作品には、非常に効果の高いものも見られます。次の文章は、夏目漱石『坊っちゃん』（新潮文庫）からの引用です。作家の井上ひさし氏は、ここで使われている「だから」に「『日本文学史を通して、もっとも美しくもっとも効果的な接続言』という讃辞を贈りたい」（『自家製　文章読本』新潮社）と述べています。

その後ある人の周旋《しゅうせん》で街鉄《がいてつ》の技手になった。月給は二十五円で、家賃は六円だ。清は玄関《げんかん》付きの家でなくっても至極《しごく》満足の様子であったが気の毒な事に今年の二月肺炎《はいえん》に罹《かか》って死んでしまった。死ぬ前日おれを呼んで坊っちゃん後生《ごしょう》だから清が死んだら、

　坊っちゃんのお寺へ埋《う》めて下さい。御墓のなかで坊っちゃんの来るのを楽しみに待って
　おりますと云った。だから清の墓は小日向《こびなた》の養源寺《ようげんじ》にある。

　この「だから」がなぜすばらしいかと言うと、清にたいする坊っちゃんの深い愛情が表れているからです。清は、坊っちゃんの家の使用人であり、当時の慣習から考えると、どうやっても坊っちゃんの家の菩提寺《ぼだいじ》に入る資格はありません。しかし、幼いころから自分を心から愛し、大切に育ててくれた清が希望したのだから、それをかなえてやるのは当然だろうと坊っちゃんは考え、それをごく自然に実行するのです。

　坊っちゃんは家族との仲が悪かったので、きっと清を菩提寺に入れるにあたっては、家族の相当な抵抗にも遭ったことでしょう。けれども、坊っちゃんは坊っちゃんらしく、じめじめした苦労話はいっさい書きません。愛する清が亡くなる描写でさえ、「気の毒なことに」の一言で済ましてしまっています。しかし、坊っちゃんの性格を考えると、ぶっきらぼうにしか表現できない不器用さの背後に、坊っちゃんの清にたいする計りしれない愛情が感じとれるのです。

　夏目漱石には、接続詞をそのままタイトルにした『それから』（新潮文庫）という作品が

あります。『それから』のなかの「それから」も見ておくことにしましょう。ここは、実家の援助をたよりに不自由なく暮らしてきた代助が、一度は友人に譲った女性と関係を持ち、それを告発した友人の手紙によって実家から勘当される場面です。


「この男を知ってるかい」と聞いた。其所には平岡の宿所姓名が自筆で書いてあった。

「知ってます」と代助は殆ど器械的に答えた。

「元、御前の同級生だって云うが、本当か」

「そうです」

「この男の細君も知ってるのかい」

「知っています」

兄は又扇を取り上げて、二三度ぱちぱちと鳴らした。それから、少し前へ乗り出す様に、声を一段落した。

「この男の細君と、御前が何か関係があるのかい」

代助は始めから万事を隠す気はなかった。けれどもこう単簡《たんかん》に聞かれたときに、どうしてこの複雑な経過を、一言《げん》で答え得るだろうと思うと、返事は容易に口へは出なかっ

た。兄は封筒の中から、手紙を取り出した。それを四五寸ばかり捲き返して、
「実は平岡と云う人が、こう云う手紙を御父さんの所へ宛てて寄こしたんだがね。——読んで見るか」と云って、代助に渡した。代助は黙って手紙を受取って、読み始めた。兄は凝と代助の額の所を見詰めていた。

代助のもとを訪ねてきた兄が、いよいよ核心に入るという段階を予告するかのように、接続詞「それから」が出現します。読者は固唾《かたず》を呑んで事態の推移を見守るところです。そうした緊迫感が、さりげない「それから」一つに示されています。

漱石の作品からさらに、井上ひさし氏絶賛の「だから」に匹敵するくらい力のある接続詞をもう一つ紹介しておきましょう。『それから』のそれからを描いた続編『門』(新潮文庫)に出てくる「要するに」です。ここでもやはり話が佳境に入るところで効果的に使われています。

彼自身は長く門外に佇立《たたず》むべき運命をもって生れて来たものらしかった。それは是非もなかった。けれども、どうせ通れない門なら、わざわざ其所《そこ》まで辿《たど》り付《(ママ)》くのが矛盾であ

った。彼は後を顧みた。そうして到底又元の路《みち》へ引き返す勇気を有《も》たなかった。彼は前を眺めた。前には堅固な扉が何時《いつ》までも展望を遮《さえ》ぎっていた。彼は門を通る人ではなかった。又門を通らないで済む人でもなかった。要するに、彼は門の下に立ち竦《すく》んで、日の暮れるのを待つべき不幸な人であった。

「彼」は主人公の宗助を指しますが、その宗助の生き方を門になぞらえて語る場面です。門と無縁ではいられないが、門をくぐってなかに入る勇気を持ちえない人、それが宗助です。「要するに」は、それまでに述べられてきた内容について「短くまとめてポイントだけを述べますよ」ということを予告する接続詞です。「要するに」の機能をこれだけ十全に引きだしている文章をほかに見たことがありません。

「彼」は主人公の宗助を指すと述べましたが、じつはここでは漱石自身を「彼」に重ねて読むことも可能です。さらに一歩進めると「私自身はどうなんだろう」と読者一人ひとりも自分のこととして考えさせられます。

『門』という小説を読んだことがある方はわかると思いますが、この場面では読者はかならず立ちどまって考えるところです。ここがこの小説のまさに中心的なテーマを表しているからです。そして、この場面の締めくくりとして「彼は門の下に立ち竦んで、日の暮れるのを待つべき不幸な人であった」という印象的な表現が心に強く刻まれることになるのですが、その背後には「要するに」の力があるのです。

「そして」の力を体感する

さて、ここからは、ある一つの接続詞に着目して、接続詞の力を体感したいと思います。素材となるのは「そして」です。なぜ「そして」かというと、一見もっとも力のなさそうな接続詞だからです。「しかし」や「だから」は次に筆者の言いたいことが来そうな迫力を感じるのですが、「そして」はいかにも頼りなさげで、あってもなくてもよいような接続詞に見えます。しかし、そんな接続詞でも、文脈によって大きな力を発揮することがあるのです。

「そして」は、すでに見たように、接続詞の分類では「添加の接続詞」というグループに分類されます。つけ加える感じがあるからです。とくに、「そして」は最後の一つのものをつけ加えるときに使われます。「そして」には最後に一つ加える働きがあることから、その情報に自然に注意が向くことになります。その効果を活かしたのが次の詩です。

言葉は
言葉に生まれてこなければよかった
と
言葉で思っている
そそり立つ鉛の塀に生まれたかった
と思っている
そして
そのあとで
言葉でない溜息を一つする

（川崎洋「鉛の塀」『愛の詩集 ことばよ花咲け』）

最終文「言葉でない溜息」がひときわ印象的なのは、添加の接続詞「そして」の力です。最後のものに使われやすいこの「そして」の性格は、最終的な結果を表すことにつながります。「そして」がもともと「そうして」から派生してきたという事実を考えれば、自然に納得できるでしょう。

次に紹介するのは、尾崎一雄『虫のいろいろ』です。この作品では、作家の鋭い観察眼によって切りとられた、虫のさまざまな生態が描かれています。ここに出てくるクモは、いつか来るかもしれない脱出の機会の可能性に賭けて、半年間空きビンのなかで生きつづけていました。接続詞「そして」は、その長い半年の待ち時間を経て、ついにチャンスが到来したことを予告するのに効果的な役割を果たしています。アガサ・クリスティの名作『そして誰もいなくなった』のタイトルを思いださせるような「そして」です。

出口をふさがれた彼は、多分初めは何とも思わなかったろう。やがて何日か経ち、空腹を感じ、餌を捜す気になって、そこで自分の陥っている状態のどんなものかをさとっただろう。あらゆる努力が、彼に脱走の不可能を知らしめた。やがて彼は、じたばたするのを止めた。彼は唯、凝っと、機会の来るのを待った。そして半年――。私がセンをとった時、蜘蛛は、実際に、間髪を容れず、という素速さで脱出した。それは、スタート・ラインで号砲を待つ者のみが有つ素速さだった。

添加の接続詞「そして」は、作品の最後で余韻を添加して終わることがあります。

次の文章は梶井基次郎『檸檬』（新潮文庫）の最後の場面です。『檸檬』は、時限爆弾に見立てたレモンを、気詰まりな本屋にこっそりおいてきて、それがもし爆発したらどうなるかという妄想を楽しむという短編ですが、なぜ結末の文の文頭に「そして」という接続詞が置かれたのか、考えながら読んでみてください。


不意に第二のアイディアが起った。その奇妙なたくらみは寧《むし》ろ私をぎょっとさせた。

――それをそのままにしておいて私は、何喰わぬ顔をして外へ出る。――

私は変にくすぐったい気持がした。「出て行こうかなあ。そうだ出て行こう」そして私はすたすた出て行った。

変にくすぐったい気持が街の上の私を微笑《ほほえ》ませた。丸善の棚へ黄金色《こがねいろ》に輝く恐ろしい爆弾を仕掛けて来た奇怪な悪漢が私で、もう十分後にはあの丸善が美術の棚を中心として大爆発をするのだったらどんなに面白いだろう。

私はこの想像を熱心に追求した。「そうしたらあの気詰りな丸善も粉葉《こっぱ》みじんだろう」

そして私は活動写真の看板画が奇体な趣きで街を彩《いろど》っている京極を下って行った。

もしこの文に「そして」で始まる最後の一文がなかったらどうなるでしょうか。おそらく作品としての力が非常に弱くなるはずです。「そして」は、レモンを本屋に仕掛けおわったという最終局面を示すとともに、添加の接続詞としての機能を発揮し、次のステージがあることを暗示しています。しかし、その後のことが具体的に描かれることはありません。そこで、読者はこのあとがどうなったか、「私」と一緒に妄想を楽しむことができます。そのような余韻が用意できたのも、接続詞「そして」の力です。

最後に、接続詞「そして」のそうした余韻をうまく活用した谷川俊太郎の「そして」(『minimal』思潮社）という題の詩を紹介し、本書も余韻をもって終えることにしましょう。

夏になれば
また
蟬が鳴く

花火が
記憶の中で

フリーズしている

遠い国は
おぼろだが
宇宙は鼻の先

なんという恩寵
人は
死ねる

そしてという
接続詞だけを
残して

主要参考文献（書籍を中心に、本書で引用したもの、代表的なものを掲載しました）

庵功雄（二〇〇七）『日本語におけるテキストの結束性の研究』くろしお出版

石黒圭（二〇〇八）『日本語の文章理解過程における予測の型と機能』ひつじ書房

市川孝（一九七八）『国語教育のための文章論概説』教育出版

井上ひさし（一九八四）『自家製　文章読本』新潮社

大久保愛（一九六七）『幼児言語の発達』東京堂出版

甲田直美（二〇〇一）『談話・テクストの展開のメカニズム――接続表現と談話標識の認知的考察――』風間書房

西條美紀（研究代表者）（二〇〇七）『学際的アプローチによる大学生の講義理解能力育成のためのカリキュラム開発』平成一六〜一八年度科学研究費補助金（基盤研究〈C〉）研究成果報告書

佐久間まゆみ（二〇〇二）「3　接続詞・指示詞と文連鎖」『日本語の文法4　複文と談話』岩波書店

清水義範（二〇〇四）『大人のための文章教室』講談社現代新書

ダイアン・ブレイクモア著、武内道子・山崎英一訳（一九九四）『ひとは発話をどう理解するか――関連性理論入門――』ひつじ書房

田中章夫（二〇〇一）『近代日本語の文法と表現』明治書院

谷崎潤一郎（一九三四）『文章讀本』中央公論社
時枝誠記（一九五〇）『日本文法　口語篇』岩波書店
永野賢（一九八六）『文章論総説――文法論的考察』朝倉書店
中村明（一九九一）『日本語レトリックの体系――文体のなかにある表現技法のひろがり』岩波書店
日本語記述文法研究会編（近刊）『現代日本語文法七　第十二部　談話　第十三部　待遇表現』くろしお出版
馬場俊臣（二〇〇六）『日本語の文連接表現――指示・接続・反復――』おうふう
林四郎（一九七三）『文の姿勢の研究』明治図書出版
益岡隆志・野田尚史・森山卓郎編（二〇〇六）『日本語文法の新地平3　複文・談話編』くろしお出版（川越菜穂子氏、浜田麻里氏、森山卓郎氏のものなど）
宮島達夫・仁田義雄編（一九九五）『日本語類義表現の文法（下）　複文・連文編』くろしお出版（川越菜穂子氏、浜田麻里氏、渡部学氏のものなど）
森田良行（一九九三）『言語活動と文章論』明治書院
吉行淳之介選・日本ペンクラブ編（二〇〇七）『文章読本』ランダムハウス講談社文庫

おわりに

接続詞には不思議な力があります。

接続詞を題名に冠した夏目漱石の小説に、本文でも紹介した『それから』があります。この作品は、実家から援助を受け、働かずに恵まれた生活を享受していた主人公の代助が、一度は友人に譲った人妻の三千代とともに生きることを決意する作品です。実家を勘当され、自ら職探しをしなければならない代助の「それから」を期待させる形で作品は閉じられます。しかし、そうした予備知識がなくても、題名そのものに惹かれるものを感じます。

また、カラダ・バランス飲料というキャッチコピーで知られるサントリーの清涼飲料に「DAKARA」があります。「DAKARA」は機能性飲料なので、からだによい飲み物だから「DAKARA」になるのだと想像されます。しかし、そうした予備知識がなくても、何となく買ってみたくなる商品名です。なぜでしょうか。

「それから」も「だから」も、接続詞単体では意味を持ちません。接続詞は、それ自体には実質的な意味はなく、前後の文脈があって初めて意味を持つ言葉です。しかし、だからこそ、接続詞を冠したネーミングには力があります。その前後にさまざまな文脈を読みこむことができるからです。接続詞というと客観的・論理的な側面が重視されがちですが、本書では、それだけではなく、接続詞の主観的・解釈的な側面にも光を当てるように心がけました。

編集者の森岡純一さんからは、二年ほどまえに本書の執筆依頼をいただいていたのですが、当時の企画は、いわゆる文章表現の指南書でした。ところが、今年の二月、一向に進まぬ原稿にしびれをきらした森岡さんが、私のもとを訪ねてこられたおりに接続詞の話で盛りあがり、「接続詞は類書がなく、おもしろそうなテーマだからぜひ」ということになりました。私自身の専門でもあり、一般書として難しくなることを恐れたのですが、「それでも、まったくかまいません」ときっぱり言われました。その力強い言葉に支えられ、一気に書きあげたのが本書です。接続詞の持つ多様な側面を感じとっていただければありがたく存じます。

本書に草稿の段階で目を通してくださったのは、二人の友人、庵功雄さん（一橋大学）と高橋淑郎さん（ミュンヘン大学）です。庵功雄さんは、接続詞のとなりの領域である指示詞のスペシャリストで、専門的な見地からコメントをくださいました。高橋淑郎さんは、講義などの談話分析に携わる研究者で、読者の立場から、索引が必要だということを強く主張されました。その高橋さんのアドバイスを実現しようと尽力してくださったのが、編集の実務を担当なさった草薙麻友子さん（光文社新書編集部）です。索引にくわえて、各章の見出しや図にも趣向を凝らしました。本書が読みやすくなっているとすれば、それはひとえに草薙さんの力です。

「接続詞」という目立たないテーマにもかかわらず、本書に興味を抱き、手に取ってくださった読者のみなさまに感謝をしつつ、稿を閉じることにします。ありがとうございました。

石黒　圭

二〇〇八年八月　ＳＤＧ

【た】

索引

石黒圭（いしぐろけい）
1969年大阪府生まれ。神奈川県出身。国立国語研究所教授・共同利用推進センター長、一橋大学大学院言語社会研究科連携教授。一橋大学社会学部卒業。早稲田大学大学院文学研究科博士後期課程修了。博士（文学）。専門は文章論。著書に『よくわかる文章表現の技術Ⅰ－表現・表記編－』『同Ⅱ－文章構成編－』『同Ⅲ－文法編－』『同Ⅳ－発想編－』『同Ⅴ－文体編－』（以上、明治書院）、『「読む」技術』『日本語は「空気」が決める』『語彙力を鍛える』『段落論』『コミュ力は「副詞」で決まる』（以上、光文社新書）など多数。

文章《ぶんしょう》は接続詞《せつぞくし》で決《き》まる

2008年9月20日初版1刷発行
2023年7月15日　　17刷発行

著者 ── 石黒圭
発行者 ── 三宅貴久
装幀 ── アラン・チャン
印刷所 ── 堀内印刷
製本所 ── ナショナル製本
発行所 ── 株式会社光文社
東京都文京区音羽1-16-6（〒112-8011）
https://www.kobunsha.com/
電話 ── 編集部03（5395）8289 書籍販売部03（5395）8116
業務部03（5395）8125
メール ── sinsyo@kobunsha.com

 ISBN 978-4-334-03473-3